RUNDHERUM UM MITTERNACHT

Schriften, Glossen und Kritiken über Jazz

Boris Vian

Rundherum um Mitternacht

Schriften, Glossen und Kritiken über Jazz

Band I

Aus dem Französischen von Klaus Völker
und Stefan Zweifel

hannibal

Hannibal-Verlag, Postfach 208, A-1091 Wien
Auswahl der Schriften und Lektorat: Klaus Völker
Fotos: Edition Christian Bourgois
Coverentwurf: Studio Lochmann, Frankfurt/Main
Typografie: Andrea Pokorny, A-2500 Baden/Wien
Druck: Druckhaus Nonntal GesmbH, A-5010 Salzburg
ISBN 3-85445-048-6

INHALT

VORWORT

So sehr der Jazz eine amerikanische Kunstspezialität war und die bahnbrechenden Musiker des Jazz aus den USA kamen, erfolgte dessen ernstzunehmende kritische Rezeption in Europa, und zwar vorwiegend in Frankreich oder in kulturell nach Frankreich hin orientierten Ländern. Der Welschschweizer Dirigent Ernest Ansermet schrieb 1919 die erste seriöse Würigung der Jazzmusik, der Belgier Robert Goffin verfaßte 1929 das erste Jazzbuch und der Franzose Hugues Pannassié begründete die erste ausschließlich dem Jazz gewidmete Zeitschrift „Jazz-Hot" sowie im Jahr 1932 den „Hot-Club de France", dem Boris Vian 1937 beitrat. Jacques Canetti produzierte damals die ersten französischen Jazzschallplatten, und ein weiterer Franzose und Hot-Club-Enthusiast, Charles Delaunay, stellte seit dem Ende der dreißiger Jahre die ersten Jazz-Diskographien zusammen. Die beiden maßgeblichen Ereignisse für die französischen Jazzfans waren das Gastspiel von Louis Armstrong 1934 und die Konzerte von Duke Ellington 1939.

Boris Vian, der 1959 im Alter von neununddreißig Jahren gestorbene Poet, Ingenieur, Chansonnier, Übersetzer, Schauspieler, war ein vielseitig begabter Künstler und „Wissensabenteurer", zu seinen Lebzeiten jedoch verkannt als Schlagzeilen machende „Skandalnudel" und gefeierter Regent des Existentialistenkellerreichs von Saint-Germain-des-Prés. Sein Szepter war seine Trompete. Denn nicht zuletzt war Boris Vian auch ein exzellenter Jazzmusiker und Jazzkenner. In den Jahren 1934-1937 hatte er es zu einer erstaunlichen Meisterschaft im Spielen des „königlichen Instruments des Jazz" gebracht. Als seine Vorbilder verehrte er Louis Armstrong, King Oliver, Tommy Ladnier und Bix Beiderbecke. Außer einer Trompete beschaffte er sich auch ein Kornett, das, vor allem in den älteren Jazzformen, zur Ausrüstung des vollendeten Trompeters gehörte. King Oliver bevorzugte noch dieses Instrument. Erst Tommy Ladnier, den man den „sprechenden Kornettisten" nannte, setzte 1928, Armstrong huldigend, die Trompete an die Stelle des Kornetts. Boris Vian versuchte, Ladnier folgend, den „schweren", schleifenden Klang der King-Oliver-Tradition den aufregenden betörenden neueren Klangformen des Swing beizumischen.

Von 1937-1942 war Boris Vian der unermüdliche Initiator kleiner Formationen, die er mit seinen Brüdern Alain und Lélio und mehreren Freunden vom Hot-Club betrieb. 1942 schloß er sich der Amateurjazzband von Claude Abadie an, die in den Jahren 1945-1948 ihre größten Erfolge bei den einschlägigen Jam Sessions, Jazzamateurwettbewerben und Festivals hatte. Als ihm sein Arzt 1948 dringend riet, das Musizieren aufzugeben, mußte sich Vian fortan darauf beschränken, seine Konzeption von Jazz schreibend als Mitarbeiter verschiedener Jazzrevuen und organisierend als Gestalter von Jazzprogrammen in Klubs und bei der Plattenfirma Philips zu bekunden. Nur gelegentlich nahm er doch sein Instrument zur Hand und wurde rückfällig, dabei lässig anmerkend: „Jeder Puster in meine Trompete verkürzt mein Leben." Die Mehrzahl der großen Jazzmusiker seiner Zeit konnte er zu seinen Freunden zählen: Duke Ellington, Miles Davis, Charlie Parker und Erroll Garner an erster Stelle, nicht zu vergessen die bedeutendsten französischen Jazzer wie Claude Luter, Claude Léon, Alix Combelle, Django Reinhardt, Hubert Fol, Jean-Claude Fohrenbach. Der Sänger und Komponist Henri Salvador erklärte nach dem Tod von Boris Vian: „Er war versessen auf Jazz, er lebte nur durch den Jazz, er hörte Jazz nicht, er drückte sich im Jazz aus."

Der deutschen Ausgabe der Schriften über Jazz von Boris Vian in zwei Bänden liegen die beiden bei Christian Bourgois Éditeur erschienenen und von Claude Rameil zusammengestellten Bände „Écrits sur le Jazz" und „Autres Écrits sur le Jazz" zugrunde. Bei dieser Edition handelt es sich nicht um die Gesamtausgabe aller Texte von Vian über Jazz; denn in ihr nicht berücksichtigt sind die schon in anderen posthumen Sammelbänden wie „Derrière la Zizique" und „Cinéma.Science-Fiction" gedruckten Beiträge (deutsch in dem bei 2001 erschienenen Band „Der Kommissar und die Grüne Pantherin") sowie die von Lucien Malson gesammelten „Chroniques de Jazz", jener für die Zeitschrift „Jazz-Hot", Abteilung „Revue de Presse", in der Zeit von Dezember 1947 - Juli 1958 von Vian verfaßten Kommentare zu den laufenden Jazzereignissen. Unsere zweibändige Auswahlausgabe enthält im Unterschied zur französischen Edition nicht die von Boris Vian aus dem Englischen übersetzten Texte über Jazz und verzichtet außerdem auf jene Beiträge, in denen nur Argumente wiederholt oder lediglich Zitate anderer Verfasser dokumentiert werden.

Boris Vian gehörte zu den eigenwilligsten und einflußreichsten Vorkämpfern für die Entwicklung einer lebendigen Form von Jazzmusik in Frankreich. Als Mitarbeiter von Zeitschriften oder Zeitungen wie „Jazz-Hot", „Jazz News", „Spectacles„, „Midi Libre", „Combat" und von „Radio 49" hatte seine Stimme Einfluß und Gewicht, vor allen Dingen nach jener lächerlichen Spaltung des „Hot-Club de France" 1947 in entschiedene Gegner und Befürworter des Bebop. Für Boris Vian, der kein Kritiker mit Polizei-Gesinnung sein wollte, sondern ein leidenschaftlicher Propagandist des Jazz als Lebenshaltung, war es eine Gelegenheit,die traditionelle Kritikerpapst-Stellung von „Papa" Pannassié zu erschüttern. Obwohl er seine Vorliebe für die großen Altmeister des New Orleans nicht aufgab, begeisterte er sich für die durch den Bebop aufgelockerten neuen stilistischen Elemente und leistete viel Vorarbeit für die produktive Rezeption der klassischen Vorreiter des Bebop-Stils, Charlie Parker und Dizzie Gillespie, und auch für deren originellsten „Schüler" Miles Davis. Entgegen der Neigung vieler französischer Jazzliebhaber, die avanciertesten Jazzmusiker ihres Landes zu verachten, verteidigte Vian ihre Leistungen und ihre große Professionalität. Ihre Unvoreingenommenheit gegenüber den schwarzen Musikern machte sie zu Opfern eines verqueren Rassismus von Jazzfans, die einen Kampf für die Emanzipation des „weißen" Jazz führen zu müssen glaubten. In einer „Kurzgefaßten Geschichte des Jazz" schrieb Boris Vian: „So ist durch ein tröstliches Phänomen das, was dumme Kirtiker 'Musik für Wilde'genannt haben, in der ganzen Welt die einzige Musik geworden, die die Nationalitäten, die Glaubensbekenntnisse überschreitet, die die Vorurteile mit dem einen fabelhaften Schwung des Besens hinwegfegt, der für Entspannung und Freude steht, und die vielleicht als einzige das Beiwort 'zivilisierte Musik' verdient."

Der vorliegende erste Band der Schriften Vians über Jazz enthält in chronologischer Abfolge alle wichtigen Artikel, Glossen und kritischen Berichte für die Zeitschrift „Jazz-Hot", deren Mitarbeiter Boris Vian von März 1946 an war und in der er bis Juli 1958 regelmäßig publizierte. Viele seiner Beiträge erschienen auch anonym oder pseudonym mit Verfasserangaben wie Michel Delaroche, Hugo Hachebuisson, Otto Link oder Honoré Balzac. Von November 1951 an bildete Vian mit André Hodeir und Frank Ténot das Redaktionskomitee. Fast jede Nummer von „Jazz-Hot" brachte auch eine von Vian verfaßte Kolumne „Revue de Presse". Hinzu dürften an die 550 Plattenkritiken kommen, von denen wir eine erste Auswahl vorstellen, weitere aus „Jazz-Hot“ und anderen Zeitschriften folgen im zweiten Band. (Die Originalausgabe enthält allenfalls zwanzig Prozent des Gesamtbestands an Plattenkritiken.) Schließlich enthält dieser erste Band noch die Mehrzahl der für „Jazz News“ geschriebenen Beiträge, ebenfalls in chronologischer Reihenfolge. Diese Zeitschrift, herausgegeben von Eddie Barclay, erschien mit insgesamt elf Nummern von Weihnachten 1948 bis Juni 1950. Boris Vian arbeitete ab Nr. 3 (März 1949) mit, ab Nr. 8 (November 1949) fungierte er als Chefredakteur. Fast alle Beiträge jener Nr. 8 stammen von Boris Vian, sei es das Editorial, dann die Glosse über Gugusse Peine-à-scier (=Hugues Pannassié), in deutscher Version als Dudussel B'anal-Siel dechiffriert, oder jene kuriose „Physiopathologie des Jazz“ von einem Dr. Gédéon Molle. Weitere Pseudonyme, die Boris Vian in „Jazz News“ gebrauchte, waren Michel Delaroche, S.Culape, Andy Blackshick. Der zweite Band unserer Ausgabe bringt die für die Zeitung „Combat“ geschriebenen Berichte über Jazz, ferner eine Sammlung von Beiträgen für die verschiedensten Publikationen und Plattenprogrammmagazine sowie zu Lebzeiten nicht publizierte Texte über Jazz und abschließend eine weitere Auswahl von Schallplattenkritiken und Texte für Plattentaschen. Der zweite Band wird auch die notwendigen Sacherläuterungen, Quellenangaben und ein Personenregister enthalten.

Klaus Völker

Berlin, 1989

Beiträge für „Jazz-Hot“

„FRANCE-SOIR" VERANSTALTET EINE UMFRAGE

Erfreut haben wir zur Kenntnis genommen, daß unser Mitbruder „France-Soir" in seiner Nummer vom 19. Februar 1946 eine besonders interessante Umfrage gestartet hat, um 1) die öffentliche Meinung über die zur Zeit vom französischen Radio ausgestrahlten Sendungen in Erfahrung zu bringen und 2) Vorschläge zur Programmverbesserung zu sammeln. Zur ersten Frage haben die französischen Jazzliebhaber bereits Stellung bezogen, indem sie sich strikt weigern, das tägliche, meist politische und eitle Geplätscher der Stümper des französischen Radios über sich ergehen zu lassen: Mit anderen Worten, sie hören AFN oder BBC. Aufgrund dieses Umstandes ist anzunehmen, daß nicht alle auf eine Umfrage antworten werden, die für sie gegenstandslos geworden ist. Doch da die von „France-Soir" unternommene Initiative nicht von offizieller Seite kommt, bleibt vielleicht Hoffnung. Nehmt also diese Anstrengung auf euch und antwortet zahlreich, denn so wird eure Ansicht mehr Gewicht haben.

Der „Hot-Club de France" gedenkt, ganz vom Standpunkt des Jazz aus, eine kollektive Antwort zu schicken. Wir fordern namentlich:

1. Daß wöchentlich eine bestimmte Anzahl von Sendungen dem Jazz eingeräumt wird;

2. Daß die fraglichen Sendungen so über den Aether gehen, daß die Jazzfans auf Empfang schalten können, ohne bis um halb eins in der Früh ausharren oder bereits um 4 Uhr morgens aus den Federn kriechen zu müssen;

3. Schließlich und endlich, daß es sich dabei um echten Jazz handelt und nicht um die farblosen Imitationen eines Jacques Hélian, Billy Cotton oder Woody Herman. Anders ausgedrückt bedeutet dies, daß die Jazzsendungen von unbestritten hochrangigen Kritikern wenn schon nicht realisiert, so doch zumindest *kontrolliert* werden müssen.

Dem fügen wir noch einige ergänzende Bemerkungen hinzu:

1. Bei den Unterhaltungssendungen soll man nicht dauernd Duke Ellington, Charlie Kunz und die Göre Piaf mischen und sich auch nicht des *St. James Infirmary* als Hintergrundsrauschen bedienen, um ihn bereits nach einer Sekunde durch eine schnarrende Stimme zu ersetzen;

2. Bei der Ausstrahlung von Tanzmusik sollte man der Fachpresse genaue Programmangaben zukommen lassen. Zur Zeit steht es so: Bald wartet man stundenlang, um dann zur Enttäuschung doch nur ein Musette-Orchester zu hören,

bald schaltet man, angeekelt von zwei Walzern und einer Polka, den Empfang ab und verpaßt so um Sekunden zwei Fletcher Henderson aus den besten Jahren,

dann wiederum freut man sich bereits Tage im voraus, Bunk Johnson zu hören (vornehmlich am Freitag abend), und vernimmt, trotz den unbeirrten Beteuerungen der Sprecherin (vor und nach der Ausstrahlung), das Sextett von Benny Goodman.

Halten wir zusammenfassend fest:

- daß wir Orchester wie die von Jacques Hélian oder Alexander nicht angreifen. Sie sind in einer Gattung, die uns kalt läßt, tadellos. Wir trachten nicht im Traum danach, ihnen die Antenne verwehren zu wollen, aber man sage uns nicht: Da habt ihr den gewünschten Jazz;

- daß wir uns nicht anmaßen, täglich 24 Stunden lang guten Jazz zu fordern. Wir verlangen lediglich ein wenig mehr als das gegenwärtige Nichts. Und dabei werden wir uns nicht mit einer halben Stunde Spike Jones am Morgen abspeisen lassen.

Der Erfolg, den vor dem Krieg Sendungen wie das kommerziell orientierte Magazin „Music Shop“ (am Mittwoch abend) kannte, die Unersättlichkeit, mit der die Jazzliebhaber zur Zeit AFN verschlingen, sobald sie etwas Interessantes zu erwarten haben (Music in the modern manner, einmal auf sieben Sendungen gut, Hot Club Corner, stets tadellos, usw.), und nicht zuletzt die überzeugenden Ergebnisse der vor einigen Monaten vom „Hot-Club de France“ organisierten Petition zur Forderung nach mehr Jazz, die mehrere tausend Unterschriften erbrachte und der weitherum Beachtung geschenkt wurde, all dies müßte den Verantwortlichen des gegenwärtigen Chaos zu denken geben.

Unseligerweise lösen sich die fraglichen Programmgestalter in einer derartigen Geschwindigkeit ab, daß sie zu nichts anderem Zeit finden, als ihre Freunde irgendwo unterzubringen, und sich einen Deut darum scheren, das ihnen vom Staat alljährlich zur Verfügung gestellte Budget von zwei Milliarden Francs auf eine anständige Art und Weise auszugeben.

Dieser Artikel hat nicht den Anspruch, den Gegenstand erschöpfend zu behandeln: Im Gegenteil, wir hoffen, daß er euch zu Kritik und zu Vorschlägen reizen wird. Schreibt uns alle, unternehmt etwas, damit wir auf diese Umfrage eine von schlagenden Argumenten untermauerte, objektive Antwort geben können.

(März 1946)

★

DIE UMFRAGE DES „FRANCE-SOIR"

Zum Monatsbeginn hat „France-Soir" die Ergebnisse seiner von 137287 Hörern beantworteten Umfrage veröffentlicht, aus der hier einige Auszüge folgen:

Die Frage: „Welches sind die von Ihnen bevorzugten Gattungen?", wurde folgendermaßen beantwortet:

Klassische Musik	18 %
Chansons	14 %
Theater	12 %
Unterhaltung	12 %
Jazz	10 %
Leichte Muse	9 %
Oper und Operette	8 %

Meiner Treu, soviel forderte der Jazz ja gar nie! Ginge man von dieser Prozentzahl aus, ergäbe dies proportional zu den 18 Stunden Sendezeit (einer einzigen Station) *1 Stunde, 42 Min. Jazz pro Tag* !!!

Bliebe noch die Qualität des Jazz zu definieren; hierzu könnte uns der dritte Absatz als Schlüssel dienen: „Welche gegenwärtigen Sendungen mögen sie nicht?".

Hier strahlt der Jazz einsam und hell an der Spitze:

Jazz	16 %
Ohne Reim und Verstand	6 %
Radiowerkstatt	6 %

Was zwei einleuchtende Tatsachen beweisen:

1. Daß ein Teil der Hörerschaft den Jazz nicht mag;

2. Daß jene Hörer, die den Jazz lieben (ein Teil der 10 % der ersten Frage), *denjenigen Jazz nicht schätzen, den ihnen das französische Radio zur Zeit vorsetzt.*

Diesem Einwand haben wir unsere Stimme verliehen, seit wir sie gegen die Mittelmäßigkeit und geradezu notorische Inkompetenz erheben, die bei der Programmgestaltung im Bereich Jazz vorherrscht. Indem Jacques Hélian und sein Orchester 1 % für sich verbuchen können - er ist nun einmal sehr populär-, beweist das lediglich, daß solcher Galajazz nur gerade ein Zehntel der 10 % befriedigt, die mehr Jazz auf der französischen Antenne fordern. Verlangt man also nicht vielmehr großen Jazz, Jazz*musik*?

Im übrigen bestätigt diese Umfrage voll und ganz unsere Auffassung. Das Radio soll sich der „klassischen", „leichten", „anspruchsvollen" und „trivialen" Musik widmen. Ordnet hier den Jazz ein, wo es euch gefällt, doch solange es sich beim Jazz um Musik handelt (immerhin macht er Krach), kann er unstreitig weder unter die Diskussionen eingereiht werden (welche 57 % Feinde auf den Plan rufen), noch unter die Informationsbulletins (welche 80 % Gegner zählen) oder die politischen Sendungen (welche 70 % der Stimmen gegen sich haben).

Wenn 77 % der Hörerschaft für Privatstationen, 67 % gegen das staatliche Radio und 65 % für spezialisierte Stationen sind, bedeutet das dann nicht ganz einfach, daß der französische Rundfunk die von ihm erwartete Leistung nicht erfüllt? Was die letzte Feststellung bestätigt.

Die Hörer schalten das Radio zwar häufiger ein als vor dem Krieg, doch wählen 50 % von ihnen das ausländische Radio!

Uns bleibt einzig die Hoffnung, daß im Licht dieser augenfälligen Tatsachen der Jazz im Radio endlich den ihm gebührenden Platz einnimmt, und daß man neben den „wahren französischen Jazzmusikern" - müssen da Namen genannt werden? - endlich einige Programme empfangen kann, die den Giganten des Jazz gewidmet sind.

Als würde er diese Tatsachen verkennen, antwortet Monsieur Barraud, der die Musiksendungen des französischen Radios leitet, auf eine Umfrage von Yves Dartois im FIGARO, mit den Worten: „Das Publikum ist des Jazz ein wenig müde geworden (da man mit ihm etwelchen Mißbrauch getrieben hat). Und die Orchester der Unterhaltungsmusik haben sogar ein wenig ‘an Boden verloren’, da sie verschiedene bekannte Stücke verjazzten.“

Wahrlich eine erhellende Ausführung!

Ich frage Sie, wie Ekyan, Rostaing, Django Reinhardt, Alex Renard und Konsorten die Hörer müde machen konnten, ohne je ausgestrahlt worden zu sein. Ist der Unfug, berühmte Stücke zu verjazzen, nicht gerade jenen unzähligen Orchestern des symphonischen Jazz zuzuschreiben, die sich verbissen um das Mikrophon raufen, seit Monsieur Barraud die Musiksendungen leitet?

Allem Anschein nach übersieht Monsieur Barraud die Existenz einer anderen als der von ihm über den Aether gejagten Jazzmusik vollkommen. Ein Objekt mit Tücken. Das Vorgehen ist nur allzu durchsichtig: Das Publikum liebt den schlechten Jazz nicht; machen wir uns dies zum Vorwand, um sowohl den schlechten wie den guten Jazz mit Stumpf und Stiel auszurotten.

Und was ist mit den Angaben der Umfrage?

Weiter unten fährt Yves Dartois fort: „Das Heilmittel? Es kann nicht darum gehen, die Jazzfans zu vergraulen, sie werden ihre Sendungen zu festgesetzten Zeiten erhalten. Doch gedenkt Monsieur Barraud: 1) Unterhaltungsorchester zu bilden; 2) Ein Repertoire zeitgenössischer, französischer Operetten zu schaffen.“

Schon lange harren die Jazzliebhaber darauf, ihre Krankheit mit Geduld zu tragen ... und zwar zu den vom Reglement festgesetzten Stunden.

(Mai / Juni 1946)

★

HUBERT ROSTAING

Hubert Rostaing wurde am 17. September 1918 in Lyon geboren. Wie wir vermuten, wird dieser Umstand unweigerlich einen guten Teil unserer Leser überraschen, und zwar vornehmlich jene, die ihn lediglich aufgrund seiner bis anhin eingespielten Schallplatten kennen, oder aufgrund der Rundfunksendungen, die sie empfangen konnten: die außergewönliche Sicherheit in seinem Spiel scheint sich nur schwerlich mit dem Umstand, daß er derart jung ist, zu vertragen, besonders wenn man sich vor Augen hält, daß die fraglichen Aufnahmen größtenteils älteren Datums sind.

Blutjung verließ er Lyon, denn seine Eltern ließen sich in Algier nieder, wo Hubert die Schule besuchte und nebenher Musik machte. Aus Lust, sagt er uns, und in vollem Einverständnis mit seinen Eltern. Es scheint, daß er keinerlei Schwierigkeiten gekannt hat: Er lernte Solfeggio, studierte Harmonielehre und trat in das Konservatorium von Algier ein, das schon kurz darauf seine brillanten Talente mit einem ersten Preis krönte. Wirkt das Ganze nicht so simpel wie ein Bilderbogen?

Zu jener Zeit blies Hubert das Altsax. Und von diesem Zeitpunkt an entschlossen, Berufsmusiker zu werden, begann er durch Kneipen zu „tingeln" und begleitete Revue- und Varietédarbietungen sowie Tanzgruppen: eine harte Schule für die Technik, die es ihm erlaubte, jenes Handwerk und jene Sicherheit zu erlangen, von denen wir weiter oben sprachen. Sein Orchester beschränkte sich nicht auf Algier: Er nahm an mehreren Tourneen in Nordafrika teil, von Marokko bis Tunesien. Und war noch keine achtzehn Jahre alt.

Das Orchester weitete sein Betätigungsfeld aus. Das Jahresende 1937 findet ihn in Korsika wieder, dann faßt er 1938 auf dem Kontinent Fuß, im Großherzogtum Luxemburg. Nach diesem seltsamen Abstecher entscheidet sich die Gruppe, für ein Engagement im „Bagdad" nach Paris zu pilgern. Eine Woche später verließ Hubert das Orchester, um sein Glück mit zahlreichen anderen Kameraden zu versuchen. Er spielte in verschiedenen Lokalitäten: wieder in Nachtklubs, bei „Moune" und in den „Boîtes" an der rue de Pigalle. Er bricht nach Lille auf und beginnt tatsächlich damit, zum Tanz aufzuspielen. Ende 1939 hält er sich noch immer in Lille auf, das er jedoch wieder zugunsten von Algier verläßt. Anfangs 1940 taucht er erneut in Paris auf, und seine Karriere, die ihr alle kennt, nimmt ihren Anfang: Ein Engagement im „Mimi-Pinson“, im „Champs-Elysées“; Django Reinhardt hört ihn im „Mimi-Pinson“ und nimmt ihn als Tenorsaxophonisten ins „Jimmy's“. Dort spielt er zehn Tage ... Klarinette, weil sein Tenorsaxophon vollständig kaputt ist. Haben wir es also dem Gott des Zufalls zu verdanken?

In seinen gewaltigen Sog zog sodann der Exodus die Menschen und ihre Pläne. Als sich der Sturm gelegt hatte, erwachte Paris zu neuem Leben. Das gestutzte Quintett des „Hot-Club de France“ gab es nicht mehr: Stéphane Grappelly saß in England, Vola noch weiter weg, Chaput im Kerker. Django stellt das Quintett in einer eigenwilligen Zusammensetzung wieder her: Sologitarre, Klarinette, Schlagzeug, Baß und Begleitgitarre. Die anpassungsfähige Knappheit von Fouad bildete zusammen mit der harmonischen Unterstützung der Rhythmusgruppe den idealen Hintergrund für Djangos strahlende Arabesken und Rostaings fein abgestimmte Modulationen. Die neue Formation machte ihre Sache glänzend. Rostaing gelang der Durchbruch. Sein Intermezzo in der Pariser Jazzszene verleiht seinem Talent die letzte Weihe und macht ihn bei allen französischen Jazzmusikern sowie beim breiten Publikum bekannt. Und nun leitet Hubert sein eigenes Orchester: vier Blechbläser, ein Tenorsaxophonist, die Rhythmusgruppe, eine Sängerin und, nicht zuletzt, er selbst an der Klarinette.

Sieht ganz einfach aus, nicht? In diesem kurzen Satz steckt schon der ganze Rostaing, mit all seinen Stärken und Schwächen. Sprechen wir von den letzteren, ohne ihm die bittere Pille zu versüßen. Betrachten Sie die Photographien dieses hübschen, blonden Knaben mit seinem rundlichen Gesicht ..., lieb ist er, dieser Hubert, alle Welt wird Ihnen dies bestätigen, er hat nicht einen einzigen Feind, erzählt niemals eine Gemeinheit über seine kleinen Kumpane und könnte keiner Fliege etwas zuleide tun. Aus Liebe zur Fliege? Das ist die Frage. Denn ist es nicht vielmehr so, daß er sich nicht überanstrengen möchte?

Die fließenden Übergänge seines Klarinettenstils entsprechen haargenau der Empfindlichkeit seiner Wesensart, und gerade vor seiner Wandlungsfähigkeit muß sich Hubert in erster Linie in acht nehmen: ganz zwanglos würde er von einem Stil zum anderen wechseln. Charles Delaunay erzählte uns, daß Hubert, nachdem er zum ersten Mal Ekyan gehört habe, zwei Tage lang zum Verwechseln ähnlich in dessen Stil gespielt haben soll. Nicht aus vorsätzlicher

Nachahmung; er hatte, unbewußt, den Stil von Ekyan „verdaut", und sein Geist paßte sich diesem neuen Gehäuse an.

In ihrer Unstetigkeit und Wandelbarkeit gleicht seine Persönlichkeit einer Flüssigkeit, die ganz zwanglos die Form jener Vase annimmt, der sie sich anpassen muß. Und diese nicht aus der Welt zu redende Willenlosigkeit läßt ihn mit einem Lächeln auf den Lippen zugeben, daß er weiterhin die Klarinette bläst, „weil sie mir leichter von der Hand geht als das Alto." Wohlgemerkt, *aus Geschmack* zieht er *laut eigener Aussage* das Alto vor.

Ein Glück. Und dies rettet ihn, dieser unfehlbare Geschmack, den man noch im bescheidensten seiner Chorusse wiedererkennt, diese ungemein verführerische Musikalität: - „Alles", sagt er uns noch, „hat vor allem anderen von Grund auf *musikalisch* zu sein." Musikalität und Sensibilität, dies sind seine beiden hervorstechenden Stärken. Hang zur Anpassung, die Hauptgefahr, der er ausgesetzt ist. Diese unglaubliche Leichtigkeit zur Anpassung läßt ihn aber auch, nach vier oder fünf Jahren Pause, ein Tenorsax in die Hand nehmen, um es besser zu spielen als die allerbesten, wobei er noch durch die schwersten Melodiebögen gleitet, ohne auch nur eine Note zu verwischen, und zwar so fingerfertig, daß man die Schwierigkeit erst im nachhinein wahrnimmt. Diese Anpassung ist es aber auch, die uns den Umstand beklagen läßt, daß er das Alto zugunsten der Klarinette vernachlässigt, ein Instrument, das ihn wegen seines kalten, gezierten Klanges und seines Mangels an wahrer Kraft aus jenen Gefilden zu vertreiben droht, in denen sich Tatum, Wilson und Goodman bewegen, um nur diese zu nennen. Das Alto gleicht die genannte Schwäche Rostaings aus, weil sein wärmerer und runderer Klang ein stärkeres „Engagement" (um Jean-Paul Sartre zu erwähnen) von seinem Interpreten verlangt. Rostaings wahre Freunde wissen sehr wohl um diese Tatsache und drängen ihn seit jeher, wieder das Alto in die Hand zu nehmen, und sie werden damit erst aufhören, wenn er sich fügt: Hoffen wir für einmal, daß ihn seine Beeinflußbarkeit diesen Gründen nachgeben läßt.

Dennoch, übertreiben wir diesen Mangel nicht: Eine viertelstündige Unterhaltung mit Rostaing erlaubt es, festzustellen, daß er von gewissen Gegenständen überaus scharf umrissene Vorstellungen hat. Auch wenn er nicht mit einem Frontalangriff zu Werke geht, gibt seine wendige Geschmeidigkeit zur Hoffnung Anlaß, daß er seine Vorhaben verwirklichen wird. Fassen wir seine Ansichten über gewisse Dinge zusammen, ungeordnet wie Kraut und Rüben:

Seine bevorzugten Musiker: Armstrong, Ellington. Unter den Klarinettisten: Bigard, und, trotz allem, Goodman. (Man fragt sich, worum er ihn beneiden kann.)

Seine Idealformation: 5 Saxophone, 4 Trompeten, 4 Posaunen und die Rhythmusgruppe. Er verkennt die Schwierigkeit und momentane Unrealisierbarkeit eines solchen Unterfangens in keiner Weise, doch zählt er darauf, es eines Tages so weit zu bringen.

Seine Lieblingsorchestrierungen: Jene nach der Art Ellingtons, reich und fein abgestimmt, und nicht jene schmetternden Kompositionen mit einem oder zwei Riffs, die zur Zeit ihr Unwesen treiben.

Seine Lieblingsthemen: egal welche, seien sie schlicht oder verästelt, Hauptsache sie sind musikalisch.

Seine Ansichten über den Jazz in Frankreich: Die Besitzer der Kabaretts oder Tanzschuppen schielen nur noch auf das Ökonomische: Sie sind teilweise zu entschuldigen, betrachtet man die allzu kargen Einnahmemöglichkeiten: was umso schmerzlicher ist, als man nicht bis in alle Ewigkeit bei der Quintettformel verharren kann, ohne dabei nicht die Entwicklung der ausgeglichenen Orchester zu hemmen, die in Frankreich an sich schon selten genug sind, was sehr bedauerlich ist. *Das französische Publikum* hat von Jazz keinen Schimmer und sündigt, grob gesagt, aus Kleinkrämergeist. Bei den Amerikanern stellt sich die Frage der Musik*gattung* schon gar nicht mehr; ein Fortschritt. Bliebe noch die Stilfrage ...

Zum Schluß fragten wir Rostaing nach seinen *gegenwärtigen Wünschen*:

„Für den Augenblick komme ich weiterhin meinem Vertrag mit dem 'Tennisklub Molière' nach. Mit meiner Formation von jungen Leuten bin ich zufrieden, und zwar vor allem mit meinen Blechbläsern, denen es toll rollt. Ich wünschte, das Radio würde eine Anstrengung unternehmen und gute Sendungen ermöglichen. In erster Linie jedoch würde ich liebend gerne eine Tournee ins Ausland unternehmen."

„Und was ist mit Amerika?"

„Ich möchte schon nach Amerika gehen, aber weniger wegen des Spielens, als vielmehr um mich ins Spiel zu bringen."

Hoffen wir, daß sie ihn uns trotz allem nicht wegnehmen, und daß uns Hubert nicht besiegt vom amerikanischen Geist zurückkehrt, demzufolge derjenige der beste ist, der am meisten Geld scheffelt. Doch schließen wir mit diesem trostreichen Herzensschrei:

„Würdest du gern etwas anderes als Musik machen?"

„Nie im Leben! ... Ich wollte stets Musiker sein und will es auch weiterhin bleiben!“

(Mai / Juni 1946)

★

ALIX COMBELLE

Zunächst wollte er Ingenieur werden. Doch versuchen Sie einmal, mit einem Orchesterdirigenten als Vater, für die verführerischen Tücken von vibrierenden Rohrblättchen und von Septimakkorden, seien sie nun vermindert oder nicht, unempfänglich zu bleiben. Combelle Alix lernte mit zehn Jahren Altsax. Wie viele andere unabhängige Köpfe sah er den Zeitpunkt des Militärdienstes voraus, welcher nur erträglich zu gestalten ist, wenn man ihn in der Uniform des Oberst oder in der Musikabteilung absolviert (mit größerer Verantwortung im zweiten Fall). Nebenher ging er weiterhin zur Schule, holte einiges nach, um im Alter von sechzehn Jahren alles fahren zu lassen, das war 1928 (aber ja doch, er ist nicht älter, der berühmte Combelle). Er war kein hinreichend begnadeter Primavistaspieler (musikalisch gesprochen), um Berufssaxophonist zu werden. Also begann er, zusammen mit Delfosse, im Orchester der Rupublikanergarde das Schlagzeug zu bearbeiten. Er dachte bereits an Jazz. Doch gab es damals recht wenig Orchester, deren Begleitung überdies kein Zuckerschlecken war. Alix ließ vom Sax nicht ab. Diesmal das Tenor! 1930 - er ist achtzehn. Grégor baute sein

Orchester wieder auf, ihm fehlte noch ein - Tenorspieler. Bei Grégor lagen die Dinge einfach: entweder heuerte er Stars an oder eben junge, unbekannte Leute. „Nimm Combelle", raten ihm André Ekyan, Christian Wagner und die Anderen. Und schon ist Alix bei Grégor. Aus dieser Zeit stammt seine Dankbarkeit gegenüber Ekyan, der ihm hervorragende Tips gab. Er steigt in den Beruf ein. Bleibt ungefähr ein Jahr mit Grégor zusammen. Danach, im Orchester von Bruno Coquatrix. Tourneen: Le Touquet, die neumodischen Strände, ebenfalls für ein Jahr. In der Folge arbeitet Alix, mal hier mal dort, in Nachtkluborchestern; da macht er mit Freddie Johnson Bekanntschaft, dem er, wie er selbst einräumt, ebenfalls viel verdankt. Von 1933 bis 1935 begegnet er allen Musikern, die zu jener Zeit in Frankreich auftraten. Er trieb sich stets bei ihnen herum, so daß ihm die Weißen (rassistische Vorurteile sprießen nicht nur in Amerika) nach und nach den Rücken zuwandten. „Ohne meine Eltern wäre ich verhungert", meint Combelle. Um 1935 beginnt er wieder ein bißchen zu spielen, wenn gerade kein anderer zur Hand ist. „Damals hatte ich eine Periode von anderthalb Jahren, in der ich, insgesamt und für alles, eine Gage von 100 Francs einstrich, und nach Ablauf der anderthalb Jahre spielte ich noch immer gleich wie zuvor. Wie aber spielte Alix zu jener Zeit? Wir wissen es, weil damals der Jazz jenen Platz zu erobern begann, den er heute innehält: Einige Jazzliebhaber erinnern sich noch an den Combelle von 1935, unbeugsam, „draufgängerisch" wie ein Wilder, im Geist der Schwarzen spielend ... ohne irgend etwas anderes zu wollen. „Das war umso hirnverbrannter, als ich in vollendeter Weise so spielen konnte wie diejenigen, die damit zwar Geld scheffelten, ihrerseits jedoch nicht spielen konnten, was ich spielte." 1936 arbeitet er erneut mit den Schwarzen zusammen, Fletcher Allen, Johnson - sie nahmen ihn, wenn gerade keine anderen Schwarzen zur Verfügung standen. 1936 - 1937. Das bedeutet die großartige Platte Sw I mit Hawkins und Carter; diese Scheibe erregte Aufsehen. Die Konzerte der „école normale" machten ihn beim immer größer werdenden Publikum bekannt, das sich um diese Anlässe riß. Weiterhin mit Schwarzen zusammen, mit Carter, Colman. Kommt das Jahr 1939, wo wir ihn bei Ray Ventura finden. Während einer Tournee in der Schweiz wird Combelle Opfer eines schweren Unfalls, dessen Folgen ihn noch heute behindern: es ist nicht gerade ein Ruheposten, wenn Sie stundenlang mit sechs Kilos, die an Ihrem Hals baumeln, vor einem Orchester stehen müssen. 1941 läßt er den Jazz in der Salle Pleyel triumphieren, und seine durch die Okkupation stark eingeschränkte Aktivität nimmt dann nach der Befreiung mehr und mehr zu, um ihn - seiner Bescheidenheit sei Rechnung getragen - zu einem der vielbeachtetsten Tenorsaxophonisten Europas zu machen. Zur Zeit leitet er eine Formation von vier Saxophonen, drei Blechbläsern und einer Rhythmusgruppe.

Ein Interview mit Combelle läuft wie geschmiert. Er ist lebhaft. Auf der Suche. Nicht verknöchert. Man merkt sofort, daß er die Probleme angeht, die sein Beruf aufwirft. Sollte er sie auch nicht immer zu unserer vollen Zufriedenheit gelöst haben, so hat er sie gleichwohl jedesmal von Grund auf überdacht.

Seine Vorlieben sind breit gefächert, weshalb er manchmal gewisse Leute enttäuscht hat: er liebt jede Art von Musik und er hört lieber schlechte Musik als gar keine. Er ist für alles, was gut ist: große oder kleine Gruppen, Arrangiertes oder Improvisiertes. Wir hören die „Spezialisten" aufheulen. Übrigens hat er sie selber ebenfalls gehört: Als er in der „Roulette" spielte, erlebte er kürzlich das folgende Abenteuer. „Nach einem offensichtlich nicht besonders fesselnden Stück", berichtet Combelle, „das wir jedoch wie immer so gut als möglich spielten, suchen mich zwei schummrige Zazous auf: wir plaudern, und schon wenden sie mir den Rücken zu ... Gerade so, als wollten sie mir bedeuten: 'Das ist bereits der ganze Combelle? Oh! das haut einen nicht gerade vom Hocker ... das ist weder Fisch noch Fleisch.' Wissen Sie, was sie erwarteten? ... Den Chorus aus *Crazy Rhythme*. Schön und gut ... aber ich will doch nicht mein ganzes Leben lang diesen Chorus blasen ... Damals, als ich in dieser Weise spielte, kehrten mir alle Leute den Rücken zu. Ich harrte solang es ging dabei aus, aber Leben muß man ja schließlich. Ich hab über all dies nachgedacht. Man darf einen Musiker nicht zur Spezialisierung zwingen, da er unter solchen Bedingungen nicht existieren kann. Dafür gibt es kein Publikum. Der Berufsmusiker muß alles spielen dürfen, solange er, wohlgemerkt, in rythmischer Musik spezialisiert ist."

In solchen Fällen wird Combelle das Herz schwer. Sie vergessen, daß er viele der großen Namen der aktuellen, französischen Jazzszene „herausgebracht" hat. Sie vergessen, daß er derjenige französische Musiker ist, der die Schwarzen am besten kennt, mit ihnen zusammengelebt hat. „Sie machen mich lachen, wenn Sie mir mit dem Einwand kommen: 'Aber, Monsieur Combelle, Sie spielen ja lediglich Arrangements ...'. In der Tat, ich spiele lediglich Arrangements. Sie vergessen, daß man nicht vor jedem Publikum improvisieren kann.

Wenn das Publikum von der Sache nichts versteht, so ist das nicht meine Schuld. Selbst die Kritiker irren sich ja ... und manchmal gewaltig, wie etwa Hodeir, wenn er in seinem Buch als besten Moment einer bestimmten Platte mein Tenorsolo anführt... Es stammte von Harry. Nein, sehen Sie, man beschuldigt mich - ich weiß es wohl - des Schmierenkomödiantentums, des Startums. Das ist unrichtig, ich bin kein Schmierenkomödiant. Den Applaus liebe ich, weil er einen anfeuert. Ich liebe es, dem Publikum zu gefallen. Ich glaube, das ist die Aufgabe aller Künstler. Nein, glauben Sie mir, man wirft mir vor, schlechte Musik zu lieben, 'Schmalz', was doch ganz und gar nicht meine Sache ist. Hören Sie sich *Laura* an, von Duke Ellington, na, das ist ebenfalls scheußlich. Und vor allem ist es, musikalisch gesprochen, nicht klar aufgebaut. Man hält mir vor, kommerziell zu sein. Auch in Amerika hält man, um ein Beispiel zu nennen, James vor, kommerziell zu sein. Doch wenn kommerziell bedeutet, viel Geld zu verdienen, dann ist Ellington genauso kommerziell wie James. Er verdient gleich viel. Sehen Sie, beim Hot-Club irrt man sich oft. Man glaubt dort, die Berufsmusiker seien gegen die Amateure, die sich, wie Sie, in einer Stilrichtung spezialisieren können, weil sie die Möglichkeit haben, ihr Leben anderweitig zu verdienen; aber das ist nicht wahr. Meines Erachtens ist das sogar gut so. Bedauerlich ist vielmehr die Geisteshaltung der Amateurkritiker, die einen vorhalten: 'Nun, ist das bereits alles, Monsieur Combelle? Sie improvisieren nicht mehr?' Sie kapieren nicht ... Sie vergessen allzu schnell, daß ich mich für den schwarzen Stil geschlagen habe, als sie noch an der Säuglingsflasche hingen ..."

„Was würden Sie gerne machen?"

„Wenn es das Publikum erlaubte, würde ich gern ein richtiges Orchester leiten, die Klangfarben und Schattierungen fein aufeinander abstimmen, schließlich wirklich nur noch auf die Ausführung eines Stückes achten und nur mehr noch die Soli blasen."

„Was halten Sie vom amerikanischen Jazz dieser letzten Jahre?"

„Ich mag ihn nicht besonders. Entweder kreischt oder wimmert er. Er hat keine Sprache. Ellington sei jedoch davon ausgenommen. Aber kein Weißer, weder Europäer noch Amerikaner, kann es ins Auge fassen, wie Ellington ein Orchester auf die Beine zu stellen. Das ist platterdings unmöglich."

„Welche Formation reizt Sie am meisten?"

„Die große, eindeutig, da man sie zu einer kleinen umwandeln und sich so allen Erfordernissen anpassen kann. In Frankreich aber ist dies undenkbar. In Amerika nimmt man ein Orchester: und wenn's läuft, läuft's für zehn Jahre. Unter solchen Umständen kann man arbeiten. In Frankreich? Sie nehmen ein Orchester, innert einer Woche sind alle krank. Oh! ... was für ein Leben! ... Und die Kuhhändel mit den Wirten, von denen man sich die allerübelsten Engagements gefallen läßt, nur weil sie Beziehungen haben. Noch einmal, halten Sie mich nicht für einen Komödianten: das ist falsch, Trotzdem, ich weiß nicht, was ich unter guten Bedingungen leisten könnte! ..."

Wollte man von Combelle alles erfahren, was er zu sagen hat, so müßte man fünf oder sechs weitere Artikel schreiben, und käme doch nicht zu einem Ende. Nun, das war ein Teil seiner Ansichten. Sie sind so getreu als möglich wiedergegeben. Wir trachten hier nicht danach, ein umfassendes, kritisches Werk zu verfassen, sondern möchten ein möglichst unverfälschtes Porträt von Alix Combelle geben.

Sicher ein umstrittener Mann. Sicher hat er Unfug geredet: die W.M.S.M.'s und die JA's. Sicher hat er nicht immer wie in *Crazy Rhythme* gespielt. Doch an wem liegt das? An Combelle oder am Publikum, das jedem Schlagzeugchorus applaudiert, egal wie gut er ist? An Combelle oder an den Waschlappen, die fordern: *Symphony* oder *Sentimental Journey*, zum zwölften Mal. An Combelle oder an den Kleingeistern, die vor Freude johlen, wenn die Klarinette einen schrillen Ton neunzehneinhalb Takte lang durchzieht? An Combelle, der zusammen mit seiner Frau und seinem Sohn leben will und sich dem Geschmack des Publikums beugen muß, oder an dem Publikum, das einen solchen Geschmack hat? Für seine Verleumder hält Combelle eine Geheimwaffe in der Hinterhand; hier ist sie:

„Gehen Sie", sagte er mir. „Sagen Sie es ihnen, den Amateurkritikern. Sagen Sie ihnen, daß ich ihnen ihre geliebte Musik bieten werde, wenn sie mich zum üblichen Tarif in einem ihrer Nachtschuppen engagieren. Denn ich garantiere ihnen, daß ich durchaus so spielen kann. Sollen sie das Geld zusammenkratzen, sich was einfallen lassen, ich stehe ihnen zu Diensten. Doch will ich nicht vor Hunger krepieren, wenn sie mir, kaum stellt es sie nicht mehr zufrieden, wieder mit dem Einwand kommen werden -: 'Ist das bereits alles, Monsieur Combelle? ... '"

(Juli / August 1946)

★

LÉO CHAULIAC

Ich benutze den Ruhetag von „Carrère", um Léo Chauliac ein wenig auf die Nerven zu gehen, ein alter Bekannter der „Jazz-Hot"-Leser, alt ist eine Redeweise, denn Chauliac ist altersmäßig und geistig jung. Ich erinnere mich, ihn eines Abends im „Club" gesehen zu haben, wie er so ganz nebenbei einen kleinen, lieblichen und mustergültigen Jitterbug klimperte, der von ihm stammte und besser als irgendeine Schmetterdemonstration die sprühende Lebendigkeit und Vorstellungskraft dieses südländischen Ausbundes an Fröhlichkeit offenbarte. Ich suche Chauliac also bei „Carrère" auf, er hantiert gerade mit den Fingerspitzen am Verstärker herum, bald hat er von diesem Gerät die Nase voll, verweigerte es doch seine Arbeit sicherlich nur aus Launenhaftigkeit, zumal es ja sonst allabendlich einwandfrei funktioniert. Wir befinden uns ganz allein im Saal, alles ist weiß, die Sessel, die Hocker, das Klavier, das Schlagzeug, die Hammond-Orgel, alles recht hübsch, es erinnert mich an den Himmel.

„Geboren wurde ich in Marseille. Seit dem Alter von fünf oder sechs Jahren klimperte ich für mich allein auf dem Klavier herum, und zwar bereits kleinere, rhythmische Sachen, Polkas, Mazurkas. Mit neun komponierte ich eine Polka, die verlegt wurde. Doch von Musik hatte ich keine Ahnung: erst am Gymnasium übte ich mit einer Lehrerin; sie stach mir mit einer Haarnadel in die Hand, wenn ich sie zu flach hielt. In der Folge wurde ich mir übrigens der Nutzlosigkeit dieser Methode bewußt."

„Und dann?"

„Dann hatte ich genug. Niemand in meiner Familie war Musiker, und so mußte eine Kusine meiner Mutter, die Klavierlehrerin in Brest war und mich bei meiner ersten Reise nach Paris gehört hatte, meiner Mutter gut zureden, damit sie mich zum Üben anhält, um mich auf das Konservatorium von Marseille vorzubereiten. Sie meinte: „Diesen Kleinen muß man fördern."

„Natürlich sind Sie ins Konservatorium eingetreten?"

„Ich fackelte nicht lange. Ich blieb zwei Jahre. Im zweiten Jahr, mit vierzehn oder fünfzehn Jahren, erhielt ich meinen ersten Preis. Ich lernte dort einen bemerkenswerten Lehrer kennen, Puccini, der mir die besten Tips gab. Dann kam ich nach Paris, wo ich bei José Iturbi und vor allem bei seiner Schwester Amparito Iturbi studierte. Unglückseligerweise deckten sich die Iturbi-Methoden nicht unbedingt mit den uralten Regeln der Pariser Schule, und so nahm ich einen Lehrerwechsel vor. Puccini machte mich mit Santiago Riera bekannt und bei ihm begann ich wie ein Neger zu schuften."

Léo Chauliac scheint seine Weihe von Spaniern bekommen zu haben: Iturbi, dann Riera: Ein reiner Zufall, meint er.

„Und dann kam, ab dem zweiten Konservatoriumsjahr, die Krise, die Epoche der Dreißigerjahre, und ich mußte etwas arbeiten, im schmutzigsten Sinn des Wortes. Zu diesem Zeitpunkt habe ich mich dem Jazz zugewandt."

„Und sie kamen regelmäßig mit schwarzen Musikern in Kontakt?"

„Alle Jazzer versammelten sich im 'Fétiche' an der rue Fontaine - ich traf dort Django, Grapelly, der mich zum Ärger des Wirtes während meinen Prüfungszeiten ersetzte ..."

„Liebte er Grapellys Stil nicht?"

„Wo denken Sie hin? Grapelly begleitete nie die Zugpferde, das bereitete ihm kein Vergnügen. Alle kamen dorthin: Combelle, Ekyan, Chitison und in den Pausen des 'Florence' Dicky Wells, Bill Coleman, 'Coco' Kiehn, Eddy Brunner. Der Wirt verfiel auf die List, ihnen Gratisgetränke auszuschenken. Beim damaligen Whiskypreis können Sie sich vorstellen, daß man ihm für einen Pappenstiel großartige Jam-Sessions lieferte! Es herrschte dort eine außergewöhnliche Jazzatmosphäre."

„Welchen schwarzen Musikern geben Sie zur Zeit den Vorzug?"

„Garnet Clark hat mich durch seine stupende Technik, die schneller als das Auge ist, unglaublich beeindruckt. Auch Chitison: seine linke Hand! Bill Coleman durch seine reizenden Einfälle. Big Boy, dieser Kindskopf. Django fiedelte auf der Geige und dieser gottverfluchte Eddy Brunner, der sich nie dazu durchringen konnte, aufzubrechen, sodaß man ihn vor die Tür setzen mußte, wenn die Kellner damit begannen, die Stühle auf die Tische zu stapeln. Mit Eddy Brunner vergnügten wir uns damit, unser ganzes Repertoire in allen möglichen Tonlagen zu spielen, für unsere Technik."

„Eine Art Sport, vermute ich." (Nebenbei erlaube ich mir, diese Methode all jenen ans Herz zu legen, die sich einbilden, G-Dur, beziehungsweise D-Moll reiche bereits vollends für das Gepäck eines Pianisten, und sei es nur für einen Amateur.)

„Ich war dies gewohnt. Die Lieblingsstrafe eines Konservatoriumlehrers bestand damals darin, uns Bach-Fugen in irgendeine Tonart transponieren zu lassen. Das war sehr hart: aber auf diese Weise einen Fox zu spielen, wurde eine Freude, eine Entspannung."

„In welcher Band spielten Sie damals?"

„Es war eine kurzlebige Zeit. Ein unglaubliches Glück, in dieser Jazzatmosphäre gelebt zu haben. Aber alles hat sich aufgelöst, die Bar wurde verkauft, und dann taten die Tourneen, Moden, die kommerziellen Orchester, Eddie Foy und Konsorten das ihrige. Eines Tages brach ich mit einem Vertrag in der Tasche für einen Monat nach Cannes auf."

„Schöne Ferien."

„Und geblieben bin ich drei Jahre, bis 1939. 1938 machte ich die Bekanntschaft von Trenet, und arbeitete, nach dem Waffenstillstand, von 1940 bis 1943 mit ihm. Wir haben Unmengen von Chansons verfaßt."

(Ich möchte Chauliac nicht zum Erröten bringen, doch bestimmte Chansons von ihm sind wahre Funde in dieser Gattung: ich führe *Saint Jean de misere* an, für das ich eine spezielle Schwäche habe, und ich werde die Klammer wieder schließen.)

„Den Kontakt zu Delaunay hatte ich nicht verloren, und er bewegte mich zur Aufnahme von: *Croisette*, *Micheline*, usw. als 'swing'; dann die Konzerte in den Sälen 'Gaveau', 'Pleyel' und in dem Saal der 'Ecole normale'. Seit dieser Zeit habe ich ununterbrochen Jazz gespielt."

„Ihre aktuelle Formation?"

„Seither spiele ich mit Fouad, der ein großartiger Kerl ist und sich, stets auf der Suche nach swing, ständig zu verbessern versucht, und Soudieux, den ich bei Jane Stick im Jahr 1942 traf, Crolla an der Gitarre, er ist meine Entdeckung des letzten Jahres. Ich werde auch eine Abteilung von Saxophonen haben."

„Wen werden Sie nehmen?"

„Ich weiß noch nicht."

„Keine Blechbläser?"

Chauliac macht ein enttäuschtes Gesicht:

„Wir haben nicht genügend Platz."

Zum Schluß stelle ich Chauliac die rituellen Fragen: Welches sind seine Lieblingsmusiker, unter den alten und den modernen:

„Armstrong natürlich; Ellington, den man als Pianisten zu leicht vergißt, Earl Hines steht stets an der Spitze der Liste. Tatum, der durch seine Technik und harmonischen Funde glänzt, auch Billy Kyle, der sich mir auf der Platte von Carter offenbarte, auf der leider auch Nat Gonella war, *Just a kid named Joe*, nach wie vor mein

Steckenpferd. Johnny Hodges. Auch Bechet. Und schließlich alles Neue, ich bin ein recht eingeschworener Verfechter von Gillespies Musik, vor allem auf der gedanklichen Ebene. Es ist nicht eine völlig neue Musikgattung, doch erlangt sie bereits bei ihm eine Reinheit, Nüchternheit, die unwiderstehlich ist. Reden wir nicht von den zahlreichen Nachäffern, die auf Teufel komm raus originell sein wollen. Natürlich sind auch Gillespies Themen arrangiert, aber sie besitzen eine solche Spontanität, sie 'fließen' derart leicht, daß sie in der Tat vollkommen ungekünstelt erscheinen. Was ich ihnen gleichzeitig auch zum Vorwurf machen würde."

„Aus was für Gründen?"

„Aus persönlichen Gründen: Ich kann es mir nicht verkneifen, zu improvisieren, das Thema weiterzustricken und neue harmonische Kombinationen herauszutüfteln."

„Und Ihre Konzeption von Jazz?"

„Maximale Musikalität, ohne den swing aus den Augen zu verlieren. Das eine darf dem andern nicht zum Opfer fallen."

Ich lasse von Chauliac ab, er hat eben seinen eigenen Stil perfekt definiert: Hören Sie sich sein Spiel an und urteilen Sie selbst. Ein Wort kehrt bei ihm oft wieder: reizend. Und dann der Name Johnny Hodges, den er an erster Stelle anführte: ein weiteres Indiz. Die sanfte Phrasierung, die Anmut der Arabesken, hier liegt vielleicht die Gefahr: Wenn er nicht in Form ist, wird Chauliac lediglich eine reizende Musik zustande bringen. Doch täuschen Sie sich nicht: An den Tagen mit swing, den Tagen, wo die Form stimmt, ist Chauliac wirklich ein vielfältiger Pianist. Und zum Glück (was er auch dagegen einwenden wird) sind bei ihm solche Tage keine Seltenheit.

(November 1946)

★

WAS HALTEN SIE VON DER ENTWICKLUNG DES JAZZ

Biegt man um die Ecke der rue Chaptal, vernimmt man ein lautes Dröhnen. Ein Kerl flitzt im Galopp an uns vorbei.

„Das ist Molinetti!" meint Ténot.

„Denkste! ... Das ist Fabre! ..."

„Molinetti!"

Ich rüste mich gerade zum Widerwort, als ein meteorartiges Ding meine Nasenspitze abrasiert und vom Eingang des „Hot-Club de France" verschluckt wird.

„Und der?" triezt Ténot. „Ist das nicht Fabre?"

Ich werde puterrot. Tatsächlich, beim ersten Mal konnte es nicht Fabre gewesen sein, da es diesmal Fabre war. Ténot tritt als erster ein, und bereits braust ein anderer Bursche in gestrecktem Galopp herbei und bremst, was das Zeug hält, und zwar indem er das Bremsgeräusch mit dem Mund nachahmt.

„Mist!", meint Ténot.

Ich sage ebenfalls Mist, ist es doch Molinetti.

Weil uns die Sache über den Kopf zu wachsen beginnt, beschließen wir, auf nichts mehr zu achten. Was verteufelt schwer ist: Molinetti trägt eine prächtige Krawatte. Wir horchen ihn aus. Einer seiner Freunde hat sie ihm aus Amerika mitgebracht. Sie ist tiefblau, mit handgemalten orangefarbigen Aufdrucken: ein Becken, ein Saxophon, anderer Plunder, sowie Dirigentenarme mit Stock.

„Der letzte Schrei dort drüben! ..." schwärmt Molinetti.

Daß er auf seine Krawatte stolz ist, sei ihm verziehen, und wir verziehen uns, um ihn die breite und hell erleuchtete Stiege des „Hot-Club de France" hochwieseln zu lassen.

Leicht erregt, stoßen wir die Tür auf. Herr im Himmel! Das Büro von Charles Delaunay ist so proppenvoll wie die Plattform beim 74er während der Stoßzeit ... Alle sind hier. Und es wird hart auf hart diskutiert. Geradezu beunruhigend hart. Ein Musiker starrt in einer Ecke unverwandt zur Decke. Gewiß ein Schüchterling! Sein krummer Rücken weist deutlich darauf hin, daß er Kontrabaß zupft. Doch Vian stößt mir den Ellbogen in die Seite und macht mich auf das eigentümliche Horn aufmerksam, das protzig an seinen Fingerspitzen strotzt. Ich fasse mir ein Herz ...

„Na? Was halten Sie von der Entwicklung der Jazzmusik? ...“

„Ich? Ach ... nichts ...“

„Wie, nichts?“

„Naja, der Jazz kann mir gestohlen bleiben! ...“

„Ihnen, einem Musiker, der von Berufs wegen dazu berufen ist, sein Augenmerk stärker als irgendjeder sonst auf den Jazz zu richten?“

Vians Visage verzieht sich, wie er dies „irgendjeder“ vernimmt, er ist eben ein Sprachpurist.

„Mein Beruf! ... pah ... man rief mich, weil ich Klempner bin ... Verzeihung, Entschuldigung, Leute ... ich such die Leitung.“

„Nun ja, es stach in die Augen ... Lassen wir sie weiter schweifen.“

Dort, ein Junger ... sicher ein Neuling ... Er muß für Gillespie schwärmen ... doch ich hüte mich ... Auf diesen Fall setze ich Vian an ... Soll er sich auf die Hinterbeine stellen.

„Guten Tag, Cicurel“, sagte Vian.

Geschafft, mein Patzer ist wieder ausgebügelt. Das war der Richtige. Und ich muß meinen Mund halten.

Circurel ist groß, blond und frisch frisiert. Er hat den Kopf voller Ideen.

„Ein anti-romantischer Kraftakt“, sagt er. „Eine Ohrfeige für den Lehrer. Ein Versuch zur Umsetzung von Zerebralmusik.“

„Sie mögen das?“

„Es liegt etwas in dieser Musik, was bei Armstrong nicht zu finden war. Doch engt die moderne Musik die Persönlichkeit zu sehr ein. Man darf nicht übersehen, daß Gillespies Bestrebungen lediglich einen Teil des aktuellen Jazz ausmachen. Ein neuartiger Orchesterstil. Aber sobald das Mittel zum Zweck verkommt, geht die Inspiration flöten.“

Nicht weit von uns horcht Diéval. Und dann kommt Ferreri.

„Das sind Kubisten!“ stellt er fest und macht auf der Stelle kehrt.

„Ich jedenfalls“, sagt Cicurel, „ich bin stets für einen ökonomischen Stil. Wenn fünfundzwanzig Noten angesagt sind, versuche ich fünfundzwanzig zu spielen. Ich behaupte nicht, daß es nicht auch siebenundzwanzig werden können ... Ich bin nicht unfehlbar. Aber gewiß nicht fünfzig!“

Die Reihe ist an Diéval. Seine Augengläser speien rote, gleißende Lichtblitze, und er selber verschwindet hinter einer Rauchwolke, so sehr pafft er an seiner Pfeife.

„Ich finde das vortrefflich. Aber es ist eine Musik für Berufsmusiker ... Kerle, die Harmonielehre studiert haben. Zur Zeit befremdet der Bebop. Doch als Ravel die *Jeux d'eau* komponiert hat, prophezeite man ebenfalls 'Ein vernichtender Rundumschlag!', und der Bursche, der es spielte, glaubte andauernd nur falsche Noten zu spielen ... Heute verhält es sich nicht anders."

Fuß um Fuß weicht Vian von Diéval und Cicurel zurück. Glücklicherweise besitze auch ich einen Schreiber, und so verschanze ich mich hinter seinem Rücken und kritzle drauflos.

„Man gewinnt den Eindruck, daß sie sich außerhalb der Harmonie bewegen", sagt Diéval, „dabei gehen sie lediglich bis an ihre äußerste Grenze. Doch überschreiten sie diese Grenze nie. Anstatt der üblichen Auflösung nimmt man einen Umweg über ... ???" (ich habe nicht mitbekommen, was er sagen wollte. Ich verstand Orleans. Aber das konnte nie und nimmer gemeint sein ...), „indem man die Akkorde derart auf den Kopf stellt, weiß man bald selbst nicht mehr, wo einem der Kopf steht. In ein paar Jahren wird es Big Bands mit hinreißenden Arrangements geben, genauso ausgetüftelt wie symphonische Arrangements. Unterschied: Der Rhythmus. Daneben wird es, entsprechend zu den Quartetten, einen Kammermusik-Jazz geben; Jam-Sessions zu dritt, zu viert oder zu fünft, ganz allein den größten Kanonen vorbehalten. Ich freue mich darauf", sagt Diéval. „Das beweist, daß der Jazz nicht bei der Jazz-Band stehenbleibt. Er wird zur Kunst in höchster Vollendung. Was nicht verhindern wird, daß man Scheiben aus den Jahren 27 oder 28 auflegt. Genauso wie man auch gregorianische Gesänge mit Vergnügen genießt, die die Grundlage der modernen Musik sind."

„Um originell zu sein, darf man nicht nur auf der Technik herumreiten", erwidert Cicurel. „Die Musik muß expressiv bleiben. Um schön zu sein, genügen nicht allein schöne Harmonien, sondern es braucht auch die Persönlichkeit des Musikers."

Ich glaube, Ténot wurde käsebleich, und so bekam ich eine Camembert-Geschichte zu hören.

„Eine haarige Sache", sagte Ténot zu mir. „Cicurel und Diéval werden sich in die Haare geraten. Diéval schimpft: 'Nun, bin ich ein Idiot, nur weil ich Camembert und nicht Roquefort mag? Ich mag Roquefort und nicht Camembert, und überhaupt, es steht euch nicht zu, mir meine Liebe zum Roquefort zu vergraulen.' Von Kichererbsen und Trauerweiden scheinen sie noch ein Stück entfernt zu sein."

Ich tupfe Ténots Stirn mit einem seidenen Gewäsch, das ich eben in der Diskothek gehört habe, und beruhige ihn. Er kehrt zu Cicurel und Diéval zurück. Glücklicherweise platzt Ferreri mit Pauken und Trompeten dazwischen.

„Das sind Kubisten! ...“ sagt er und schiebt sich zwischen die beiden.

Mit einem Mal scharwänzelt Diéval mit seiner Pfeife, und Cicurel verliert sich in einem ökonomischen Monolog, denn er sagt kein Wort. Ich wende mich zu Charles Hary um, dessen blonder Schnurrbart mich an Kanada und Maria Chapdelaine erinnert, doch lassen wir diese persönlichen Erinnerungen.

„Etwas ist neu“, sagt Charles Hary. „Die Rhythmusgruppe wird melodisch.“

Cicurel schreckt aus seinem Dämmerzustand auf.

„Gillespie ist arrangiert besser als improvisiert“, wirft er ein. „Sie sind besser, wenn sie alles im voraus berechnen.“

„Das Arrangieren kleiner Formationen ist eine herausfordernde Aufgabe. Die Individualität der Musiker wird einem höheren Gesetz unterworfen.“

Diese Vorstellung einer melodischen Rhythmusgruppe scheint Zozo (Georges d'Halluin, der Bassist von Abadie) zu fuchsen. Ich nehme nun diesen Faden auf, denn Vian und d'Halluin sind gerrade dabei, Vertraulichkeiten auszutauschen. Ich spitzle mein Ohr.

„Eine gute Sache“, meint Zozo. „Die Rhythmusgruppe hatte mit Cozy Cole eine Roboterphase. Es muß wieder mehr Gefühl mit einfliessen. Kennst du Nobody but You*?“*

„Umwerfend!“ sagt Jourdan. „Besonders Sidney Catlett! ... Ah! Ich bin ganz verrückt danach! ...“

Ich merke, daß er nicht von derselben Sache spricht. Doch nun zu Marcel Fabre, mit seinem herrlich grellgelben Halstuch.

„Was mich betrifft“, meint er, „so hege ich große Bewunderung für Gillespie. Er ist ein Futurist. Vor allem auch für Charlie Parker. Das ist der richtige Weg. Er bekundet eine Tendenz zum Arrangement. Technik ist mehr und mehr gefragt. Mir jedenfalls fehlen gerade die Einfälle, auch sonst gebe ich dem Arrangement den Vorzug. Vor Burschen wie meinen zwei Lieblingen Slam Stewart und Pettiford verharre ich in Bewunderung. Pettiford verfügt über einen äußerst kraftvollen und swingenden Baß; nicht gerade einfach. Und Slam hat tolle Einfälle. Ich bin wirklich viel stärker an der modernen als an der herkömmlichen Musik interessiert.“

Auch Merchez denkt, daß dies eine Musik für Spitzenprofis sei.

Dies die Meinung von zwei reinen Technikern. Aber ich lausche nun Ferreri, der zurückkommt.

„Das sind ..." setzt er an und stiehlt sich davon. Keinen Schimmer, was er sagen wollte.

Vian hat von d'Halluin abgelassen, und alle drängen sich im Kreis um Chaillou, der heiße Tränen weint.

„Dieser Geiger, den ich eines Tages in einer Brasserie hörte ...", schluchzt er. „Ach! ... Dieses Berg-und-Tal-Bahn-Vibrato! ..."

Ich versuche, Chaillou zu trösten, doch es übermannt mich Traurigkeit, und ich lasse meinen Schreibblock fallen.

Es gelingt uns, Chaillou zu trösten. Nun redet er.

„Ich mag das nicht. Man schreibt keine Musik, um Akrobatik zu treiben. Man muß zugeben, daß die Arrangements zwar besser sind als die Soli. Aber mir scheint dabei jede Spontaneität verschwunden. Früher, da brachten es sogar mittelmäßige Musiker fertig, beim Wiederholen von Stücken etwas Passendes zu finden. Aber die französischen Elemente sind zu eigensinnig, um etwas derart Geregeltes hinzukriegen und dabei dennoch das Feuer nicht zu verlieren. Hawkins, Armstrong, die liebe ich; oder betrachtet Hines. Die Chorusse von Hines sind genauso modern wie all eure Gillespies. Mich aber geht das alles nichts mehr an. Niemals wird mir jene Zeit wiederkehren, als ich zusammen mit Fletcher Allen spielte. Es lief, weil man mit Lust bei der Sache war."

Er wischt eine weitere Träne weg.

„Es ist eine angespannte statt entspannte Musik. Mir liegt die entspannte Musik."

Ich finde gerade noch Zeit, ihn in meinen Armen zu empfangen. Frank ist nicht weit.

„Ihre Rhythmusgruppe ist am Ende. Keine Freiheit mehr. Der Takt wird befohlen. Die Rückkehr zum Mechanischen. Es atmet nicht mehr. Kein swing drin."

„Wie?", wundert sich Molinetti und taucht zwischen den Beinen eines großen Typen auf, der dasteht, grinst und dessen Namen keiner kennt. „Kein swing drin? Niemals hat es besser geswingt! ..."

„Nee, ich sag dir, nichts swing ..." murmelt Chaillou. „Bist übrigens ein Sklave ..."

Molinetti brüllstiert:

„Ein Sklave! ... Ich! ... Wenn ich Bing! machen will, dann mach ich auch Bing! ..."

Er vollführt eine schreckliche Bewegung, und Delaunay wäre um ein Haar auf der Strecke geblieben. Der Klempner ist noch immer da, besorgt: Er hat die Leitung nicht gefunden. Alle Welt kommt zur Einsicht, daß ein Glaser besser am Platz wäre.

Südländer übergeht man besser mit aller Vorsicht, und Barelli, seit er schmucke amerikanische Brillen trägt, nicht mehr so aufbrausend wie Armand, sichert gerade im richtigen Augenblick die Überleitung.

„Ah!", beginnt er. „Hinreißend! ... Umwerfend ist das! Das muß allen gefallen, das wird das künftige Geleise sein, auf dem sich der Jazz von morgen bewegen wird. Seit Louis Armstrong ist es Gillespie, der mich am nachhaltigsten beeindruckt hat. Wo liest er nur all die Ideen auf? Aber unter solchen Bedingungen ist es schwer, den swing zu bringen, da die Rhythmusgruppe einem vertrackten Arrangement folgen muß, mit Pausen, Brüchen und Reprisen."

„Ganz und gar nicht!" kläfft Ferreri aus der anderen Zimmerecke herüber. „Elende Kubisten sind das. Ein Kubus ist nichts Vertracktes!"

„Wenn Gillespie Honeysuckle Rose *spielen würde", sagt Barelly," so würde er es absolut unkenntlich machen, und gerade dies macht sein Genie aus. Ich gäbe viel, um Armstrong mit einem Orchester zu hören, das im Bebop-Stil spielt! ..."*

Ich reiße mich los, weil Ténot sonderbare Geschichten vor sich hinmurmelt, in denen von Armstrong und Bebop die Rede ist. Bellest steht auch in einer Ecke, mit seiner zauberhaften Frau; schade, daß er dabei ist; aber nach alledem werde ich gerade ihn befragen müssen.

„Gillespie ist ein Ausnahmefall", sagt Bellest. „Er setzt unstreitig etwas in Bewegung, das die guten Musiker in die gute Richtung und die anderen in die entgegengesetzte Richtung weiterentwickeln werden. Mir geht es zu weit. Ich bescheide mich mit Roy Eldrige und Jonah Jones. In der neuen Musik gibt es neue Freiheiten, sofern man in Stimmung ist, aber meiner Meinung nach muß jeder Musiker zu seinem eigenen Stil finden: Nicht jedermann kann spielen wie Gillespie. Unbestritten, die neuen Rhythmusgruppen sind um einiges vielfältiger. Recht ist mir, daß durch diesen Beitrag das Betätigungsfeld erweitert wird."

Das ist es gewesen. Bellest ist fertig. Es ging ruck-zuck. Jetzt werde ich seine Frau fragen können, doch schon bekomme ich einen schweren Schlag auf meinen Schädel verpaßt, und Delaunay wirft mir tadelnde Blicke zu. Ich beharre nicht darauf, dafür kann ich nun nur noch mit Mühe schreiben, denn ich sehe Dutzende und Aberdutzende von Sternen.

Christian Wagner hat nie Bebopplatten gehört.

„Diese Entwicklung mußte kommen", sagt er. „Doch was den musikalischen Gehalt angeht, so beinhaltet er nichts, was wirklich noch nie dagewesen wäre. Die Grundlage liefert eine verblüffende Technik, die es ihnen gestattet, auch noch die tollkühnsten Heldentaten zu wagen. Dank einer Arbeit, die wohl keiner von uns auf sich nimmt."

Endlich ein völlig unverstelltes Geständnis. Musiker Frankreichs, seid ihr Faulenzer?

„Sie sind", fährt Wagner fort, „von einer außergewöhnlichen Leidenschaftlichkeit und einem heiligen Feuer beseelt. Sie müssen von dieser Musik wie eingenebelt und beim Spielen voll bei der Sache sein. Es herrscht eine günstige Stimmung in der Gruppe, die mit jener zu vergleichen ist, die man früher in den Gruppen des New Orleans antraf. Auf einer anderen Ebene ist das Ganze mit den Bemühungen der modernen, klassischen Musik vergleichbar. Aber das ist nicht vollkommen neu. Spuren davon finden sich bereits bei Vorläufern wie Hawkins und Hodges."

Vian wacht auf und fügt hinzu: „Auch bei Raymond Scott." Ich hüte mich, ihm zu widersprechen, denn er hat den Tick, stets von Leuten zu reden, die keiner kennt.

Soudieux, jung und ruhig, stopft seine Pfeife, sein entzückender Nacken leuchtet hinreißend weiß.

„Die Entwicklung geht, in Sachen Musik, wie von selbst", stellt er fest. „Was geschehen muß, das geschieht auch ... Beispiel: Die Entwicklung von Duke Ellingtons Orchester. Alles, was sich entwickelt, ist gut, weil es Neues bringt. Wenn wir uns davon beeinflussen lassen müssen, so merken wir es sehr wohl."

Ténot scheint noch immer beunruhigt zu sein. Ich lausche. Soudieux spricht gerade.

„Es passiert nur, was passieren muß", sagt er.

„Mektoub!" flucht Ferreri, der bei uns vorbeikommt. „Das sind Kubisten."

Der große Kerl, den hier keiner kennt, zieht einen Brief aus seiner Tasche und streckt ihn mir hin.

„Ich bin der Kammerdiener von Paquinet", sagt er. „Er war verhindert. Hier seine Botschaft. Er macht gerade Aufnahmen."

Berufliche Gründe, wenigstens läuft er nicht auf dem See im Bois de Boulogne Schlittschuh.

„Es gibt eine Tendenz bei der Improvisation“, schreibt Paquinet, „ultra-modern zu werden, sogar so modern wie Picasso! ...“

Das sitzt. Paquinet muß wohl Ferreri kennen.

„Die Orchestrierung wird immer ausgefallener, und die Big Bands erwecken zuweilen den Eindruck, symphonische Musik zu spielen, aufgrund der Klangfarben und der Fülle ungehörter Akkorde.“

Wahrlich eine sinnige Feststellung. Paquinet ist ein guter Kerl; er konnte nicht kommen, dafür hat er geschrieben. Was ich von diesem Schmutzfink Ekyan, sowie diesem bösartigen Fouad und den übrigen üblen Schweinehunden nicht sagen werde.

Diesen Gedanken teile ich meinem Helfershelfer mit.

„Hast du sie überhaupt herbestellt?“, wendet er sich an mich.

„Das wäre doch deine Aufgabe gewesen“, erwidere ich.

Alles klärt sich. Man sagt mir auch, Combelle sei auf der Jagd. Ich hoffe nur, er wird hier nicht mit einer Schrotflinte aufkreuzen. Doch es taucht Rostaing auf, mit einer friedfertigen und melancholischen Miene.

„Ich ziehe die modernen Interpretationen von Ellington und Basie den Exzentritäten des Bebop bei weitem vor. Warten wir die weitere Entwicklung ab.“

In diesem Augenblick schleicht sich Roger Fisbach, ein Vorkämpfer aus der heroischen Epoche, auf leisen Sohlen ins Nebenzimmer und legt eine Platte auf. Schon bei den ersten Takten erkenne ich sie. Hot House *von Gillespie.*

Es entsteht ein wahrhaftiges Wirrwarr, wir werden von den Füßen einer Schar Musiker niedergetrampelt.

„Rette sich, wer kann! ... Die Kubisten kommen! ...“ schreit Ferreri.

Sie stürzen Hals über Kopf treppab und talwärts ... Wir bleiben verdutzt zurück, und da hören wir im Treppenhaus das knarrende Scharren eines Zuspätgekommenen. Er tritt ein. In einer herrlichen, weißen Gewandung, barfüßig und mit Flügeln auf dem Rücken.

„Das Büro von Monsieur Delaunay?“

„Da sind Sie hier richtig“, sagt Artis und schlägt ein Kreuz.

Ich hab ihn nicht recht erkannt. Ténot auch nicht.

„Guten Tag, Monsieur Delaunay“, sagt der Kerl.

„Mein Herr? ...“ sagt Delaunay, den das alles kalt gelassen hat.

„Ich werde es Ihnen erklären ...“, sagt der Kerl und zieht aus dem Faltenwurf seiner Gewandung eine vergoldete Trompete.

Er beginnt zu spielen. Es macht mächtig Krach.

„Was halten Sie davon?" fragt er. „Ich bin Gabriel. Der Erzengel, wie man so sagt. Das ist ein Chorus, den ich für das Jüngste Gericht vorbereite."

(*Die Interviews* wurden von Frank Ténot *und* Boris Vian *zusammengetragen.*)

Der Chefredakteur der Zeitschrift „Jazz-Hot" entschuldigt sich bei seinen Lesern (Berufsmusikern oder nicht) für den etwas sonderbaren Zuschnitt dieses Artikels. Der Gerechtigkeit halber sei erwähnt, daß am Tag nach dem Interview zwei Individuen in fortgeschrittenem Stadium von Trunkenheit zum „Hot-Club de France" gekarrt wurden, die von den versammelten Sachkundigen nur mit Mühe als die genannten Ténot (Frank) und Vian (Boris) identifiziert wurden. Der fragliche Beitrag steckte in der rechten Innentasche des Erstgenannten und wurde, da die Zeit drängte, ungelesen zum Drucker gebracht. Das eine erklärt das andere.

(Dezember 1946)

★

JACK DIÉVAL

Jack Diéval ist in seinem Leben ein Schnitzer unterlaufen, und zwar ein grober: er kam am 21. Dezember 1920 auf die Welt. Zehn Tage mehr Geduld, und er wäre ein volles Jahr jünger; kommt noch der riesige Nachteil hinzu, daß einem so eng an Weihnachten und Neujahr gelegenen Geburtsdatum unvermeidlich eine Schmälerung der Geburtstagsgeschenke entspringt, weil die Eltern bemüht sind, in einer einzigen Bescherung gleich alles zu erledigen. Nun gut, wir werden ihm diese Dummheit nicht nachtragen, da es nicht allein seine Schuld gewesen war; doch immerhin war wahrscheinlich auch seine Hand mit im Spiel.

Das alles wäre ihm nicht anzusehen, diesem großen Luftikus mit seinem buschigen Zopf auf dem Kopf, seinen gemessenen Gesten, seinen fröhlich funkelnden Augen, die hinter jenen dicken Augengläsern stecken, die allen Kennern Schuberts vertraut sind. Er macht eher einen ruhigen Eindruck. Weshalb aber hatte er es gerade an seinem ersten Tag derart eilig gehabt? Das wird sein Geheimnis bleiben, sein Skelett im Kleiderschrank, wie der Brite sagt.

Jedenfalls zählte Douai am 21. Dezember 1920 ein männliches Wesen mehr. Die Eltern des fraglichen Diéval (Jacques) waren ganz wie aus Zufall Musiklehrer. Wenn man sich vor Augen hält, daß er ebensogut bei einem Streichholzhändler hätte zur Welt kommen können und dennoch derselbe Diéval Jacques wäre ... das Leben ist ein sonderbarer Vogel, nicht wahr? Seine Mutter spielte Klavier und sein Vater Trompete und Violine, eine scheußliche Violine mit vernickeltem Schalltrichter, ein Ding, das sich Violiphone schimpft und scheußlich schrill scheppert. Eine weitere verhängnisvolle Fügung: Die fraglichen Erzeuger leiteten ein Jazz-Orchester, den „Dédé Jazz", mit acht Musikern, darunter ein Helikon. 1921, in Douai. Alles bestens. Alle in der Familie waren ihrer Zeit voraus. Nur ein kleiner Schönheitsfehler: Offensichtlich wollten Papa und Mama unter keinen Umständen, daß Jacques Jazz macht.

„Dédé Jazz" probierte Dienstag abends. Mit drei Jahren besaß Diéval eine Blechtrommel; und Dienstag abends konnte man ihn nie dazu bewegen, ins Bett zu gehen. Er soll im Takt getrommelt haben. Seiner Begeisterung zum Trotz, machte er um zehn Uhr abends schlapp. Mit fünf begann er mit dem Klavier. Ernsthaft, bei denselben Lehrern wie Warlop und Dutilleux; insbesondere bei Maestro Victor Gallois, erster Platz im Grand Prix von Rom. Harmonielehre, regelmäßiges Üben und all das andere. Und schon mit acht Jahren hörte er pausenlos Radio, auf einem jener piekfeinen Empfänger mit Skala und Akkumulatoren, sowie Drähte und Drehknöpfen, und einer Dampfmaschine, um die drei Dampftrioden zu speisen, so war das eben damals. Die einzige erträgliche Sache war London und das BBC-Orchester unter der Leitung von Henry Hall; und patsch! eine Ohrfeige für den Jungen namens Jacques, willst du wohl Czerny üben. Selbst seine Großmutter endete dabei, ihm die Notenhefte an den Kopf zu schmettern, denn in einem solchen Alter (dem der

Großmutter) kann sogar der englische Jazz Erregung bewirken, leugnen Sie das nicht.

Die Eltern erhielten die neuesten modischen Partituren, und ungeachtet des theoretischen Verbotes entzifferte sie Jacques zusammen mit seinem Vater: *Continental, Lullaby of Broadway, L'Auberge du Cheval Blanc.* Er war zwölf oder dreizehn Jahre alt. *Petit Homme, c'est l'heure de faire dodo (Kleiner Mann, es ist Zeit, in die Heia zu gehen)*, stammt ebenfalls etwa aus jener Zeit. Mit vierzehn, Erster Preis des Konservatoriums von Douai (trotz Jazz). Ein Kumpel, Bobby Hugo, Sohn des Anwaltes, einer Berühmtheit in der Stadt, entschloß sich zu diesem Zeitpunkt, ein Jazz-Orchester aus der Taufe zu heben (seither ging es mit ihm nur noch bergab, er ist Richter mit Sitz in Paris). Zu Hugo eine kleine Anekdote: Eines Tages bringt er Monsieur Diéval Vater (der neben seinem Beruf als Musiker das heikle Handwerk eines Geigenbauers und Reparateurs defekter Lautmaschinen ausübt) einen Phonographen, der nur noch gräßliche Geräusche ausspuckte. Die findigen Finger des Spezialisten hatten schon bald ein halbes Dutzend Socken uns dem Schalltrichter gefischt.

„Himmel!" schreit Madame Hugo, als sie verständigt wird. „Seit drei Monaten schon suche ich sie!"

Ende der Anekdote.

Das Orchester von Bobby Bob und seinen Mannen spielte bei Tanztees: Seinen ersten bedeutenden Auftritt hatte es auf dem Ball der Armenklinik, wo Jacques zwei Klaviersoli aus den Alben von Francis Day zur Darbietung brachte. Er trug die Orchesterkleidung: schwarze Hosen, die ihm um die Beine schlotterten, weißes Hemd und eine nachtblaue, weißgetupfte Krawatte. Na, was sagen Sie? Er jedenfalls wußte nicht, wohin er sich verkrümeln sollte. Das Orchester kam in Mode und zu Auftritten im „Carlton" in Lille und anderen, nicht weniger erlesenen Lokalitäten.

Mit fünfzehn Jahren debütierte er als Berufsmusiker in Lille. Unterdessen hegten die Eltern, in ihren schwachen Momenten, die originelle Absicht, aus ihrem Sohn einen Sekretär des Bürgermeisters zu machen. Der nichtsnutzige Sproß nützte dies, um in der Schule zu pennen - und dann in der Haustür Ohrfeigen zu empfangen. Ungebrochenen Mutes schicken ihn die Eltern zu Spezialnichtsen, zum Steno-Tippen-Buchhalten-Lernen. Herrje! Eines Tages bot man ihm 150 Francs pro Tag an, wenn er sonntags mit Berufsmusikern vom „Peter's Orchestra" bei einem Ball auftritt. 1935 ein stattliches Sümmchen. Er spielt bei Motta, den „Filateurs de pays", an Bällen und unternimmt eine Tournee in Belgien, wo er einmal Germaine Sablon begleitet.

„Trotz alledem," erzählt mir Jacques, „wollte ich mich fügen und meine Buchhalterkenntnisse testen."

Er tritt in das Büro eines Autohändlers ein, wo er monatlich, bei Achteinhalbstundentagen, lediglich 300 Francs kassiert. Mist, wieder nichts!

„Ich kam immer zu spät und wurde vor die Tür gesetzt."

Eines schönen Tages kommt aus Lille, um Jacques zu holen, Pierre Delrue, der bewußte Peter. Dank seines Beharrungsvermögens lassen die beschwatzten Eltern den Luftikus nach Lille gehen. Dann nach Valenciennes, mit Joe Mill's Band. Er lernt Jourdan kennen, den Schlagzeuger. Ein fröhlicher Geselle, dieser Jourdan. Um Mitternacht kehrte er heim. Er legte seine Platte auf und begleitete sie auf dem Schlagzeug, bis um vier in der Früh. Diese Platte (er besaß nur gerade eine einzige, *Hiltonian* von Jacques Hylton) war (zum Vorteil für seine musikalischen Fortschritte) derart verbraucht, daß man nur noch Krrrrrr... hörte, was allemal besser ist als Hylton.

Joe Mills, das einzige Orchester in Nordfrankreich, dessen Dirigent einen weißen Anzug trug, behielt Diéval zwei Jahre. Danach findet Jacques etwas in Lille, mit Jourdan, 1939. Piano, Schlagzeug und für jede der beiden Schießbudenfiguren fünfzig Francs für sechs Stunden ununterbrochenes Spielen. Ein Fünfziger plus Verpflegung: eine Tüte Fritten und ein Halbes.

Kommt der Krieg. Er spielt in Offiziersklubs. Ein Tenorsaxophonist, Ernest Leardee, der im schicksten Schuppen von Lille auftrat, hört Diéval und Jourdan und engagiert sie für das „Miami", von sechs bis elf, künstlerische Leiterin Betty Spell. Aufgepaßt, meine Damen und Herren, hierher gehören Diévals Anfänge als Schnulzensänger: Betty Spell wollte ihn zum Singen bringen: *My own* und *Hold Tight.*

„Ich verschwendete zwei Monate darauf, mir dieses verfluchte Foo-ra-de-a-saki einzuprägen. *I want some sea food Mama* ... (es sei hinzugefügt, daß er es heute auf eine entsetzliche Weise krächzt).

In der Band hockte ein kahlköpfiger fünfundvierzigjähriger Bassist, der ihnen, nur weil er während zwei Jahren Mistinguett begleitet hatte, einschärfte: „In Sachen Jazz könnt ihr mir nichts vormachen, klar! ..."

Folgte der Exodus. Tourneen in Algerien und Tunesien. Rückkehr nach Paris, Ende 1942. Hört vom Erfolg Jourdans, der nun mit

Django spielte. Diéval steigt in einem Zigeunerorchester im „Parnasse“ ein und wird schon anderntags gefeuert. Heute lacht er darüber. Damals hatte er danach für zwei Monate nichts mehr zu beißen. Schließlich begegnet er Christian Wagner und spielt bei Lucienne Boyer. Für sechs Monate. Dann springt er für einen Pianisten im „Jimmy's“ ein, mit Combelle, Gérardot, Simoëns. Vier Tage später bittet ihn Combelle, bei ihm zu bleiben.

„Das waren meine Anfänge in einem berühmten Orchester. Wir gingen ins 'Potinière' spielen: Molinetti, Chaput, Simoëns, Combelle und ich, die ganze finstere Bande. Am besten gelang mir die Begleitung von Combelle, wenn er auf dem Tenor *Le Cygne* von Saint-Saëns spielte. Sonst fürchtete ich jeweils, nicht recht mitzuhalten. Dann war angesagt, daß ich das Orchester verlasse, denn Chauliac, der frühere Pianist von Combelle, war gerade frei; ich sollte bei Chiboust weitermachen. Doch es kam nicht dazu. Ich blieb bei der Stange, dank dem Zureden vom Simoëns. Sie spielten alle Klassiker des Jazz. Ich war gezwungen, alles über das Gehör zu lernen. Zum Glück“, schließt Diéval, „besitze ich berauschende Lauscher ...“

Jacques blieb zweieinhalb Jahre bei Combelle. Gute Erinnerungen. Schreckliche Tourneen. Und dann macht er Aufnahmen, schafft den Durchbruch, setzt seinen Aufstieg fort, bis in den ersten Rang der französischen Jazzpianisten, den er heute mit anderen bekannten Spezialisten teilt.

Seine überzeugenste Ausdrucksmöglichkeit fand Diéval in der Improvisation. Voll Begeisterung ruft er sich die Leichtigkeit in Erinnerung, mit der sein Gefährte Dutilleux über durch und durch akademische Themen improvisieren kann. Diese Gabe, glaubt Diéval, gibt es bei den klassischen Pianisten nur sehr selten: doch fehlt sie, denkt er, handelt es sich nicht um einen wirklichen Pianisten. Der Jazz scheint ihm verlockender, da seine Improvisationsregeln noch strenger sind als die der klassischen Musik. Im übrigen sei das Improvisieren nicht zu „erlernen“. Man beherrscht es, oder beherrscht es nicht. Die fruchtbarste Arbeit? Plattenaufnahmen, da man bei ihrer Einspielung die bemerkenswertesten Fortschritte erzielt. Eine glänzende Methode. Daneben müsse man sich viel anhören, stets auf der Suche sein, ständig spielen und, selbstverständlich, die Technik pflegen. Das Gefühl von Freiheit, das er beim Gestalten seiner Chorusse innerhalb der bereits erwähnten Regeln empfindet, stellt für Diéval das wesentliche Interesse an dieser Musik dar. Und die Bedingungen, denen man sich freiwillig unterwirft, kommen mitnichten einer Lähmung der Phantasie, sondern einer Inspirationsquelle gleich.

Darüberhinaus sind Stücke streng nach Noten zu spielen, Jacques spielt am liebsten Ravel, Debussy, die Balladen von Chopin, und so weiter. Wenn er schließlich nicht in Form ist (auch das kommt vor), so klappt er das Klavier zu.

Diéval verfügt über ein unfehlbares analytisches Ohr. Er ist in der Lage, aus dem Gedächnis unvermittelt die kompliziertesten Arrangements zu rekonstruieren, seien sie von Miller oder von Ellington. Worauf er sich nichts einbildet. „Eine Gabe," meint er schlicht. Hauen Sie gleichzeitig zwölf Noten in die Klaviertasten, er wird ihnen die jeweiligen Namen in Sekundenbruchteilen aufschlüsseln.

In bezug auf die Improvisiton hegt Diéval seine eigenen Vorstellungen. In eine eigene Kategorie teilt er vorab bestimmte Sweet-Stücke ein, die man spielen kann, ohne das Maximum an swing herauszuholen, und die jeder in seinem eigenen Tempo spielt. Bei Improvisationen unterscheidet er jedoch drei Tempi: Blues, mittel, schnell, die gemäß eines geometrischen Zuwachses aufeinander abfolgen, und zwar läßt sich jedes Tempo durch Verdoppelung aus dem vorhergehenden ableiten. *Ob das gewählte Tempo gut ist, merkt man daran, daß man es verdoppeln kann.* Wenn man darüber nachdenkt, stellt man fest, daß diese scheinbar empirische und vereinfachende Regel bei Hunderten von guten Jazzplatten nachweisbar ist und sich insbesondere bei Musikern wie Armstrong, Hampton, Hawkins, Eddie Heywood und zahlreichen anderen finden läßt. Man denke hierbei vor allem an bestimmte Breaks der „Hot Five" oder „Hot Seven", und rufe sich den *Man I Love* von Hawkins-Heywood in Erinnerung.

Für Diéval ist Earl Hines der alte Meister. Genauer: Er ist sich sehr wohl bewußt, daß er natürlich nicht der einzige Pianist ist, der zählt. Ein Haufen anderer verfügen unter Umständen über ebenbürtige Fähigkeiten, sagt er. „Aber du verstehst, daß man in der Musik nicht sagen sollte, der eine sei stärker als der andere: Es sind die unterschiedlichen Persönlichkeiten, die dir gefallen und dich mehr oder weniger in ihren Bann ziehen."

Bei den Orchestern ist es nicht anders. Duke Ellington bleibt sein Liebling. Doch hört er sich auch Parker und Gillespie mit einem bemerkenswerten Vergnügen an. „Jede Musik hat ihren eigenen Charakter: King Cole und Mel Powell sind zwei wunderbare Pianisten.

Zu dem Typus 'hot' gehört Cole, zu dem Typus 'cool' hingegen Powell."

Einige weitere seiner Lieblinge: Hodges, Armstrong, Hawkins ... im Grunde alle, die gut sind.

Zur Zeit verfügt Diéval, für die Aufnahmen, über seine eigene Formation, die die Mitglieder des Hot-Club de France am Sonntag, den 17. November in der „Ecole Normale" gehört haben. Simoëns, Willy Kett, Georges Marion und Nell Evans, eine Sängerin, sind die Mitwirkenden. Anderseits spielt er bei Chiboust, im „Schubert".

„Ein toller Ort, sagt er, denn dort hat man die Möglichkeit, echten Jazz zu bringen: die Gäste erwarten das. Man spielt besser, wenn man weiß, daß Kenner anwesend sind."

Diese abschließende Überlegung sei dem Geiz der Inhaber von Nachtklubs gewidmet, die immer dann schnell bei der Hand sind, wenn es heißt, an der Band zu sparen, und die alles nehmen, „Hauptsache es macht mächtig Krach".

(Januar 1947)

★

LUCIEN SIMOËNS

Er ist ein strammer, stämmiger Schrank von einem Kerl, ein Schrank, in dem sich beinahe Platz fände, um seinen Kontrabaß zu verstauen. Doch konnte man dies nicht voraussehen, als er in Carvin, im Departement Pas-de-Calais, auf die Welt kam. Wie fast alle aus dem Norden stammenden Musiker hat er sehr früh, zehnjährig, mit der Musik angefangen. „Schon mit elf verdiente ich meine Brötchen mit Trommeln." Beim Schullehrer, der auch der Kapellmeister war, studierte er zur selben Zeit Klarinette. Als er den Dreh heraus hatte, verfiel er auf die Idee, sich beim Konservatorium von Lille einzuschreiben. Dort wurde er Mitglied eines Symphonieorchesters. Eines schönen Tages trommelt der Dirigent all seine zitternden Schüler zusammen und spricht: „Wer will Kontrabaß lernen?" - „Ich!" ruft Simoëns und hebt den Finger. „Fein!" sagt der Dirigent. „Zwei Meilen von hier, Backbord voraus, wirst du ein Gebäude finden, in dessen Dachstock der schönste Kontrabaß ruht, den du je gesehen hast." Dann machte der Taktstock „tock", aber niemand verschwand, denn es war kein Zauberstab. Simoëns kommt zu dem bezeichneten Ort und findet einen in der Tat umwerfenden Kontrabaß: keine Saiten, kein Steg, keine Mechanik, nichts als Sprünge, von denen aber, so viel das Herz begehrt. Er geht mit dem Instrument nach Hause, aber seine hellentsetzte Mutter stellt ihn vor die Tür. - Nun gut, dann halt durch die Hintertür, hinauf in den Dachstock, und dort klebt er den Kontrabaß mit Uhu und Bindfäden zusammen und kratzt einen Monat lang mutterseelenallein darauf herum. „Wenn du vom Konservatorium angenommen wirst, darfst du ihn herunternehmen," verspricht ihm seine Mutter, vor vollendete Tatsachen gestellt. Simoëns meldet also seinem Klarinettenlehrer, daß er einen Kontrabaßlehrer suche. Er bewirbt sich und findet aufgrund seines stattlichen Wuchses Aufnahme, nimmt einen Monat lang Stunden und wird zum ordentlichen Schüler ernannt. Seine Mutter hält nicht nur ihr Wort, sondern kauft ihm alsogleich einen sensationellen Kontrabaß mit allerlei Schikanen. Simoëns übt fleißig weiter, erhält mit siebzehn Jahren seine Auszeichnung, dann geht er nach Paris, wo er im ersten Anlauf Aufnahme findet (zwei freie Plätze bei zweiundzwanzig Bewerbern).

Nun, seit seinen Anfängen wollte Simoëns Jazz machen. Und das tat er dann auch, auf dem Schlagzeug. In Carvin trat er in einem Tanzorchester auf und arbeitete am Samstag und Sonntag, um seine Studien zu bezahlen.

Doch zurück zum Pariser Konservatorium. Er schloß es lediglich mit einem zweiten Preis ab: im gleichen Jahr war er für zwei Monate nach Holland aufgebrochen, blieb jedoch fünf Monate und sah sich danach von der Liste gestrichen - „aber damals scherte ich mich keinen Deut darum - ich debütierte in Paris mit dem 'Orchester Orlando'. Ich spielte Tango auf dem Kontrabaß; im 'Bagdad' lernte ich Marion und Castella kennen - all dies um die Jahre 1932 - 1933 herum." Dann lockt ihn ein Geschäft nach Biarritz. Er bricht mit Castella in dessen 6CV Renault auf; für 1200 Francs gekauft, wird er später für 2500 weiterverscherbelt. Er hört *Ambrose*, und „ich zupfte Kontrabassistenzeugs“. - Dann spielt er mit Combelle, Wagner, dem Orchester von Serge Glyckson, Emile Stern, etc. 1937 reist er mit Combelle nach Amerika. An einem Montagmorgen um acht Uhr angekommen, hören sie bereits um neun eine schwarze Band bei „Paramount“. An jenem Tag waren sie wegen der Show in allen Kinos und beendeten den Tag mit Count Basie in Harlem. „Dort goß man sich die Haube voll. Man ging drei Tage lang nicht schlafen: alle kamen, von Ellington bis zu Goodman. Das schwarze Publikum war hervorragend. Als die Band *Truckin'* in Angriff nahm, waren 3998 von 4000 Zuschauern aufgestanden und begannen auf ihren Stühlen zu tanzen. Nur gerade zwei blieben sitzen, Combelle und ich. Das nenn ich ein Publikum.“

Drei Tage später zieht er weiter und kehrt zwei Wochen darauf noch einmal für einen kurzen Aufenthalt zurück. Kaum in Frankreich, verreist er wieder, zusammen mit Glyckson. Tournee in Ägypten. Kairo, Hotel „Continental“. Dort bleibt er für viereinhalb Monate mit der ganzen Mannschaft: Stern, Wagner, Mengo, David Bee und Hearst (Trompete). - Hearst und Stern besorgten die Arrangements. Das Orchester Glyckson mauserte sich zum besten weißen Tanzorchester in Frankreich. Nach seiner Rückkehr stießen Combelle, Chiboust und Allier dazu. Simoëns arbeitete 1936 auch mit Ekyan im „Boeuf sur le Toit“. Dann mit Combelles erstem Swing - Orchester im „Doïna“ an der rue Pigalle. Combelle, Allier, Lisée, Mengo, Georges Marion, Detemple. „Wenn es den Gästen zuviel wurde, spielten wir *Tiger Rag*. Wir probten zu Fletcher Henderson - Platten. Wir tüftelten alle Arrangements heraus.“ - Die weitere Laufbahn von Simoëns ist wohlbekannt. 1938 - 1939 mit Glyckson: Monte-Carlo, Le Touquet, Cannes, im „Ambassadeurs“ in Paris. In Cannes dann wird er von der Mobilmachung überascht, und es folgte die verhängnisvolle Unterbrechung, die der Krieg mit sich brachte. „Schon am zweiten Tag landete ich nach dem Streifzug für drei Jahre in der Gefangenschaft, auf dem Land, in einem Bauernhof, ohne eine Note Jazz um die Ohren. Ich kam völlig aus der Form.“

Nach der Rückkehr aus Deutschland trat er mit Castella im „Melodys“ auf. „Ich war mit den Gedanken nicht mehr bei der Sache und packte es nicht mehr.“ - Dann kommt es nach und nach wieder, und Combelle nimmt ihm erneut zu sich. Mit Chauliac, Molinetti und Galopain bei Jane Stick. „Das war Combelles beste Formation, aber wir waren gezwungen, allabendlich bis zehn Mal *Tu m'as dit oui* zu wiederholen." - Er bleibt anderthalb Jahre bei Jane Stick, wechselt dann zum „Médrano", dann ins „Beaulieu" (dem früheren „Bagdad") und ins „Potinière". „Ich verließ Combelle im 'Beaulieu', schloß mich Ekyan an und kam für zwei Jahre zurück ins 'Beaulieu'." Inzwischen spielte er zusammen mit Chiboust, Marion, Diéval und Kett im „Schubert", und zur Zeit sitzt er im Quartett von Diéval (G. Marion, W. Kett, J. Simoëns, J. Diéval).

Es scheint nicht besonders toll, was ich hier so aufzähle, doch wenn Sie bedenken, daß Simoëns nicht gerade redselig ist, werden Sie sich ausmalen können, wieviel es brauchte, um Simoëns überhaupt erst zum Trinken zu bewegen. Obzwar es sich nun erübrigt, möchte ich gleichwohl in Erinnerung rufen, daß Simoëns einer der besten Kontrabassisten Frankreichs ist (sein Hauptrivale ist, meiner Ansicht nach, Soudieux). Jimmy Blanton und Slam Stewart liebt er über alles. Er bewundert Chorusse mit dem Bogen und wird sich diesbezüglich an die Arbeit machen. Seine Lieblingsorchester sind Ellington und Basie. Er mag auch Chubby Jackson und das „King Cole Trio", insbesondere Pettiford. Und zuguterletzt, falls Sie es noch nicht gemerkt haben sollten, kann ich ihnen sagen, daß Simoëns ein recht schlichter und ein ausnehmend einnehmender Kerl ist.

(Juli / August 1947)

★

DER JAZZ UND SEINE GESTEN

Kürzlich machte ich eine recht eigentümliche Erfahrung: in einem Filmklub im „Quartier" wohnte ich zwei aufeinanderfolgenden Filmprojektionen bei, *Jammin' the blues*, einem Kurzfilm des amerikanischen Photographen Gjon Mili, der einer Jam-Session schwarzer Musiker gewidmet war, und *Swing Romance*, einem schwerfälligen Kitsch, in dem ein trompetenspielender Fred Astaire das Herz seiner

Schönen erwirbt, indem es ihm gelingt, sich vom großen Orchester Artie Shaws engagieren zu lassen.

Einer Beobachtung wert war das Publikum; ein volkstümliches Publikum, das eher jung und wohl eher wegen der paar Komikerstreifen gekommen war, die die erste Hälfte des Programms bestritten.

Es liegt auf der Hand, daß das Publikum *a priori* darauf rechnete, sich während der Projektion von Milis Filmrolle köstlich zu amüsieren: denken Sie nur, ein Film voller Neger; Neger, das sind eine Art Clowns, und dann erst ihr Tick, unter lauter Faxen in ihre lauten Instrumente zu blasen; kurzum, das Publikum freute sich bereits im voraus und es unternahm löbliche Anstrengungen, um sich auch weiterhin zu ergötzen; doch obwohl aufgrund der Großaufnahmen einer Sängerin ein befriedigtes Aufatmen durch die Reihen des belustigten Publikums ging (denken Sie nur, sie sang noch dazu auf amerikanisch), es sollte und sollte nicht so richtig toll werden. Was wollen Sie, man hat das Recht, von Individuen, die sich so wenig von den Affen unterscheiden, mehr zu erwarten.

Ich muß Ihnen wohl nichts über die Vollkommenheit von *Jammin' the blues* erzählen. Sie alle, die ihn gesehen haben, werden noch den grauen Zigarettenrauch vor Augen haben, der sich vor dem tiefschwarzen Hintergrund langsam aufwölkte, sowie den ruhigen und in sich gekehrten Gesichtsausdruck von Illinois Jacquet, als er den Blues zu spielen begann, oder das auf die Leinwand gebannte Aufblitzen der Trompete und des Saxophons, die sich auf einen Schlag vervielfachten, und nicht zuletzt die außergewöhnliche Bescheidenheit, die ungetrübte Natürlichkeit dieser schwarzen Masken, die Gjon Milis Lichtwellen schattenhaft herausmeißelten. Ich brauche Ihnen jene zwei Tänzer nicht zu schildern, die das Tempo eines schnellen Stückes halbierten, und deren Schatten diesmal vor einem hellen Hintergrund aufblühten, und auch nicht diese Musik - unser eigenes Leben.

Doch war es diese befremdende Haltung des Publikums, die mir wunderlich vorkam - dieser Wunsch auch noch die mindeste ihrer Gesten komisch aufzufassen, *weil sie schwarz waren, das heißt, Clowns oder Affen.* Und dann kam Fred Astaire. Fred Astaire, der Faxenmaxe, Fred Astaires weißes Augenkullern, Fred Astaire, der sich wie eine trauertragende Spinne vor dem verblüfften Orchester windet, seine unter widernatürlichem Winkel gen Himmel gerichtete Trompete aufschwingt und wie ein Karpfen herumspringt, wobei er - angeblich - seinem Instrument die huldvollsten tiefen F's entlockt,

Fred Astaire, der durch groteske Verrenkungen ein „Oh-welch-Swing-mich-beschwingt“ wiedergibt, oder so was ähnliches. Eine Art Reinkarnation von Bix Beiderbecke, Vestris und Napoleon. Fred Astaire wurde zwar ganz gewiß beim Trompetenspielen, aber leider nicht auch punkto äußeres Auftreten gedoubelt.

Oh, es kommt noch besser. Man sah auch Artie Shaw und seine munteren Gesellen, von Pete Candoli bis zu Nick Fatool. Weit und breit, kreuz und quer nur Artie Shaw, den Suppenkrämer in Reinkultur. Oh, er war ganz ungekünstelt.

Naturrein von Kopf bis Fuß. Womit er es weit bringt. Zum Geschäftsmann, zum Lebemann, ja sogar zum Klarinettisten. Und von den Herren Astaire und Shaw zogen mich meine Gedanken zu Al Jolson und Ted Lewis - zu all diesen hassenswerten Personen, die sich das Gesicht schwarzer Sänger und Musiker aufgeschminkt hatten, um sie ins Lächerliche zu ziehen und als grotesk zu entlarven - wildverrenkt, blökend und beineschlenkernd.

Doch öffnet die Augen. Die wahren Affen sind *sie*. Jolson, Lewis - und Astaire. Astaire, der ganz nett war, solange er bei seiner wahren Aufgabe blieb, bei der eines guten, mondänen Tänzers, und der unerträglich wurde, sobald er das besagte „Oh-welch-Swing ...“ zur Schau zu tragen hatte.

Betrachten Sie die anderen. Betrachten Sie *Jammin'the blues* und sagen Sie mir auf welcher Seite - der schwarzen oder der weißen - Stil herrscht.

Naja, immer mit der Ruhe, sagen Sie mir. Es gibt auch Cab Calloway in *Stormy Weather*. Nun, was ist mit ihm? Er ist doch großartig. Er hat seine eigene Haut auf dem Gesicht und keinen Wachs - und was man hört, ist seine eigene Stimme. Und zumindest liebt er ihn ernsthaft, den Jazz.

Während der andere Volltrottel, mit seinem schwarzen Anzug und der stummen Trompete ...

Ein Affe, sag ich ihnen ...

Hugo Hachebuisson

(November 1947)

★

CHRISTIAN BELLEST

Ich befragte Bellest in einem bezaubernden Ort im Stil der Jahrhundertwende, den Jacques Diéval nach einem Konzert in der rue Cardinet entdeckt hatte. Ein bezaubernder Ort, an dem man Bier trinkt, versteht sich (versteht sich für jene, die Diéval kennen, was nur recht und billig ist). Vor einem Halben erzählte mir Christian: „Ich wurde am 8. April 1922 in Paris geboren, im vierzehnten Arrondissement. Mit sechs Jahren ging ich von Paris nach Chaumes-en-Brie, wo ich lange Zeit lebte. Die Musik habe ich schon immer geliebt.“ Da er hier allem Anschein nach abbrechen wollte, bohrte ich weiter und er vertraute mir an, daß ihm ein Elektriker den Fingersatz des Kornetts sowie das Notenspielen gezeigt hatte; hierauf trat er in die Blasmusik ein und hatte in der Folge seinen Lehrer schon bald überflügelt. Sehr früh, mit vierzehn, hat Christian seinen Vater verloren, muß arbeiten und versucht es in einer Eisenwarenhandlung. Nichts Bemerkenswertes bis zum Alter von achtzehn Jahren, der Zeit seiner Rückkehr nach Paris. Als er eines Tages im Hot-Club vorbeischaut, lernt er Charles Delaunay kennen.

„Ich war äußerst schüchtern und wagte es nur gerade, um einige Scheiben von Louis Armstrong zu bitten.“ Gerade achtzehn Jahre alt, erhält er sein erstes Engagement im „Moulin Rouge“. Man schreibt das Jahr 1940, und alles stagniert. Aber Ende 1940 bekommt er seine Chance und begegnet Combelle und Barelli. Letzterer gibt ihm Tips, und Combelle nimmt ihn zu sich in den „Jazz de Paris“. Christian ist sechs Jahre bei Combelle geblieben; kürzlich hat er mit Diéval gearbeitet und seit einigen Wochen ist er bei Tony Proteau eingestiegen. Schmunzelnd schildert Diéval seine ersten Begegnungen mit Christian und sagt mir ganz im Vertrauen, daß sie sich eines Tages geprügelt hätten.

„Combelle war krank,“ erzählte Diéval, „im Orchester war der Teufel los,“ und Christian sagte mir: 'Du spielst wie ein Trampel.' Ich sagte: 'du ebenfalls', und Christian versetzte mir eine Ohrfeige. Dann“, fährt Diéval fort und scheint sich mit seinem Schnurrbart aufzwirbeln zu wollen, „spielte ich während seines ganzen Chorusses das Thema auf dem Klavier, und er konnte nichts dagegen unternehmen. Das Ganze endete vor einem Bierkrug“, schließt er.

Die Version von Christian ist leicht anders, doch gibt er zu, daß sich das Ganze während der Befreiung zugetragen hatte, und er ein fröhlicher Trinker sei. Diéval berichtet mir noch, wie sie einen Stift in die Trompetenventile des armen Christian gesteckt hätten, der mir ganz danach aussieht, der Prügelknabe von allen zu sein. Glücklicherweise scheint seine Frau etwas sanfter mit ihm umzuspringen, und sie verrät mir, daß er ein liebenswerter Gatte sei, was ich Ihnen mit empörender Taktlosigkeit eilfertig ausplaudere.

Christian liebt sämtliche guten, modernen Orchester, die alle Vorzüge der alten mit Musikalität paaren (Duke Ellington beispielsweise). Unter den Solisten bleibt Louis Armstrong sein Favorit. Christian übt auf seinem Instrument so viel als möglich, „was unentbehrlich ist, um gut zu werden, denn auch wenn du von Inspiration nur so strotzst, mußt du dein Instrument kennen". Das ist ungefähr alles, was ich diesem sympathischen, aber nicht gerade redseligen Burschen aus der Nase ziehen konnte. Zum Glück erzählt mir Diéval noch die Geschichte, wie Christian eines Tages um sieben auftreten mußte und noch um Viertel nach sieben das ganze Hotel nach einer Steckdose für seinen elektischen Rasierer durchstöberte ... Beim Heiligen Bellest ...

(Januar 1948)

★

JIMMY DAVIS
LOVER MAN

Seines Zeichens einer der jüngsten und sympathischsten amerikanischen Komponisten, hält sich Jimmy „Lover Man" Davis seit einiger Zeit in Paris auf. In Georgia geboren, wuchs Jimmy Davis in Engerwood, New Jersey, auf, bevor er, knapp zehn Jahre alt, an der „Juillard-School" in New York mit der Musik ernst zu machen begann. Ganz wie von selbst führte ihn dies 1937 dazu, für Billie Holiday und die „Charioteers“ Lieder zu verfassen. Seitdem ist er von Duke Ellington, Dizzy Gillespie, Sarah Vaughan, Woody Herman, Charlie Parker, Lena Horne interpretiert worden. Seine bekanntesten Erfolge neben *Lover Man* sind: *Why is a good man so hard to find, When I'm in a lovin'mood, Blue Valley* und *Donnez-moi un seul baiser.* Noch ein kleiner Junge, wohnte Jimmy Davis eine Weile in Gary (Indiana), wo Bessie Smith wiederholt sang: Bereitwillig anerkennt er, von ihrem Stil beeinflußt worden zu sein, und so findet man die eigentümliche Authentizität von Bessies Blues in der Vielzahl seiner Lieder.

Jimmy Davis beschränkt sich nicht auf das Komponieren: er ist gleichermaßen Schauspieler. Die Schauspielkunst erlernte er im „Actors Lab“ in Hollywood, einer von John Garfield, Sam Levin und Morris Curnonsky gegründeten Schule.

Nachdem er seine Auszeichnung eingeheimst hatte, spielte er in verschiedenen Stücken, vor allem aber in Ben Johnsons *Volpone.* Es versteht sich von selbst, daß sich Jimmy Davis glücklich schätzt, wieder in Frankreich zu sein, wohin es ihn 1945 als Soldat verschlagen hatte. Tony Proteau und Aimé Barelli spielen bereits bestimmte Stücke von ihm.

Es versteht sich ebenfalls von selbst, daß Jimmy Davis hofft, „eine Weile in Frankreich zu bleiben“. Schließen wir uns diesem Wunsch an.

(Januar 1948)

★

MILTON MEZZROW

Die musikalischen Akten von Mezzrow geben lediglich einen Ausschnitt aus seinem abenteuerlichen Leben. Mit seinen Kameraden machte Milton eine aufregende Jugend in Chicago durch, jene Stadt in der er 1899 als Kind russischer Eltern zur Welt kam. Verschiedene Streiche brachten ihn in die Besserungsanstalt von Pontiac und andere ähnliche Orte, denn Mezz gab auf seinen Umgang nicht besonders gut acht und wurde für alle seine Kameraden zum großen Marihuanalieferanten. Doch zurück zur Musik. Die Initiation von Mezz begann in Pontiac, wo ihm seine schwarzen Freunde rudimentär den Blues beibrachten, vor allem aber den Geist des Jazz. In der Folge hörte er die „Original New Orleans Creole Jazz Band", in der Keppard und Bechet spielten, sowie Braud und Tubby Hall und noch viele mehr. Von Clarence Williams ermuntert, entdeckt er King Oliver, Bessie Smith und sieht sich mehr und mehr von Musik und Wesen der Schwarzen in den Bann gezogen. Nach harten Zeiten und von Schicksalsschlägen gebeutelt, bahnt er sich nach und nach den Weg zum Erfolg, in erster Linie mit der berühmten Plattenserie, die er 1938 unter der Leitung von Hugues Panassié aufnimmt. In der Zwischenzeit traf Mezz alle großen Musiker der Epoche 1925 - 1935 und spielte mit ihnen verschiedene Plattenseiten ein, die am Anfang dessen stehen, was man zu recht oder zu unrecht den „Chicago Stil" nennt. Mezzrow blieb dem schwarzen Geist stets treu und er gesteht selber in seinem Buch „Really the Blues", aus dem die hier gemachten Angaben stammen, daß ihm sein letzter Gefängnisaufenthalt den Zugang zur wahren Jazzmusik erst wirklich geöffnet hat.

Milton Mezzrow hat nun endgültig die „Rassenschranken durchbrochen", und zwar in der unüblichen Richtung, denn er hat eine farbige Frau geheiratet. Zur Zeit leitet er die Plattenfirma „King Jazz", die sich darauf spezialisiert hat, mit Künstlern wie Bechet und so weiter, Schallplatten im New-Orleans-Stil herauszugeben, und es sind ihr einige in ihrer Art perfekte Scheiben gelungen.

(Februar 1948)

★

CLAUDE LUTER

Claude Luter ist ohne Widerrede die fesselndste Figur des französischen Jazz seit Django Reinhardt. Auch die bescheidenste, weshalb man das erstere gewöhnlich nicht zur Kenntnis nimmt. Am 23. Juli 1923 in Paris geboren, absolvierte er seine Studien ganz normal bis zum Abschlußzeugnis und wollte sie gerade weiterführen, als der Krieg und die Okkupation seine zukünftige Funkkarriere bei der Handelsflotte unterbrach. Wie alle Welt stieß er zum Jazz, indem er erst einmal Duke Ellington am Radio hörte und eines Tages schließlich, zufälligerweise, das wunderbare *Muggles* von Louis Armstong. Er beschloß Kornett zu lernen, doch eine einzige Woche genügte ihm, um dieses Gerätes, das seine Lippen zerschindete, überdrüssig zu werden, und so wandte er sich der Klarinette zu. Nach verschiedenen Gesinungswandlungen (deren nicht gerade geringfügigste es war, zu den Jungpfadfindern zu gehen, um Frankreich durch das Knabbern knackiger Karotten wieder auf den rechten Weg zu führen) landete Claude im Keller des „Hôtel des Carmes“, dessen rothaarige und bezaubernde Besitzerin, Madame Pérodo, allen Stammgästen des „Lorientais“ wohl bekannt ist. Zu jener Zeit (Anfang 46) spielte er zusammen mit Mowgli (Maurice de La Harpe) am Piano. Wenig später gesellte sich Michel Pacout (Schlagzeug) zu den beiden, dann kam die Reihe an Pierre Merlin und Claude Rabanite, den er in den Jungendlagern kennengelernt hatte. Zuguterletzt rundete Claude Philippe, Banjo, die Formation ab, und Christian Azy löste Mowgli am Klavier ab, der seinerseits wieder zur Posaune griff, deren Studium er stets fortgesetzt hatte. Von der ansteckenden Vitalität dieser kleinen Gruppierung begeistert, begleiteten Claude seit seinen Anfängen eine Handvoll Förderer. Die Kenner gaben sich die Ehre. Namentlich Goffin wurde im ruhmreichen Keller ein Dauergast. Angezogen von der Stimmung (und dem Publikum), kamen alle Jounalisten und Literaten, um Luter zu hören, und verschiedene Preise (Internationales Festival von Brüssel und von Lüttich, Amateurwettbewerb 1947) belohnten Luters Ausdauer.

Um von Luter angemessen zu sprechen, müßte man Seiten füllen, und leider ist mein Platz begrenzt, doch bleibt mir hinzuzufügen, daß Claude Luter von allen Musikern, mit denen ich in Berührung kam, der aufrichtigste, verständigste, arbeitsamste und unprätentiöseste ist. Auf jeden Fall waren nur wenige Orchester besser geeignet, der Jazzwelt eine Lektion in Ausdauer und Bescheidenheit zu geben ... und derart gute Musik im alten Stil zu spielen.

(Februar 1948)

★

DAS FESTIVAL VON NIZZA

In den täglichen Chroniken, die ich aus Nizza der Zeitung „Combat“ zukommen ließ, versuchte ich, die Physiognomie des Festivals zu beschreiben, ich berichtete Ereignisse „am Rand“ und wollte die Atmosphäre von Nizza ein wenig aufleben lassen. Mit einem zeitlichen Abstand möchte ich nun die Schlüsse herausarbeiten, die aus dieser grundsätzlich interessanten, jedoch wankelmütig realisierten ersten Ausgabe des Festivals zu ziehen sind.

Man weiß, daß die Initiative zu diesem Festival auf die Stadt Nizza zurückgeht, insbesondere auf sein Festkomitee. Dieses wandte sich an die französische Rundfunktanstalt, deren Mitwirkung unerläßlich war, und für die Auswahl der Orchester setzte sich die Rundfunkanstalt ihrerseits mit Monsieur Hugues Panassié in Verbindung, den ihr die Herren Gilson und Bry vermittelt hatten. Streiten wir uns nicht über die Personenwahl, doch bleibt festzuhalten, daß schon allein die Tatsache, die Ernennung der Orchester, welche am Festival teilnehmen sollten, einer einzigen Person anzuvertrauen, eine gewisse Gefahr barg und in der Tat gewisse ärgerliche Folgen nach sich zog: Der mit der Auswahl Betraute bot lediglich Orchester auf, die er kannte (und er kennt nicht alle), und hat am Festival im Grunde genommen nur eine Jazzform vorgestellt: den gar nicht oder nur unwesentlich arrangierten Jazz kleiner Formationen, was im Verlauf der Konzerte in Nizza zu einer gewissen Eintönigkeit führte. Es erübrigt sich der Hinweis, daß die angebliche „Bebop"-Band von Jean Leclère an Bebop nur gerade die Musiker aus dem Orchester der „Bob Shots" aufzuweisen hatte, deren Mitwirkung sich Leclère sicherte, um durch deren Abspaltung von ihrer angestammten Band sein eigenes Orchester aufzumöbeln, welches sehr mittelmäßig sein muß, wie man aufgrund der in ihm verbliebenen Musiker schließen darf.

Ich verkenne nicht, daß sich Monsieur Panassié im Prinzip die Teilnahme von Coleman Hawkins und des „Jazz at the Philharmonic" gesichert hatte, und daß einzig und allein finanzielle Schwierigkeiten ihr Kommen verhinderte, doch auch Coleman Hawkins, wiewohl ein stattlicher Künstler, kann nicht als ein statthafter Vertreter des aktuellen, *jungen* Jazz gelten, und auch bei ihm handelte es sich um eine kleine Formation. Sprechen wir lieber nicht von Rex' Orchester, das anmaßend und aus Musikern verschiedenster Stilrichtungen zusammengewürfelt ist, und das trotz der Klasse seiner Solisten (oder gerade deswegen) höchstens zu individuellen Glanzleistungen Anlaß sein konnte, was auch für das Orchester von Mezzrow gilt, in dem sich lediglich James Archey an der Posaune und Baby Dodds am Schlagzeug hervortaten; was Harry Goodwin betrifft, so merkt man (sobald man erst einmal dem schlechten Geschmack von Red Allen genug nachgeweint hat) recht schnell, daß er kein guter Trompeter ist, und Mezzrow ist seinerseits nicht sonderlich „in Fahrt"; der junge Wilber ist nur ein matter Abglanz des großen Bechet, und der gute Pops Foster hat zwar seinen ganzen swing bewahrt, doch läßt es sein Alter an der nötigen Kraft fehlen. Was den Pianisten Sammy Price anbelangt, der Willie „The Loin" Smith ersetzte: er ist sehr mittelmäßig.

Dafür stimmte beim Orchester von Louis Armstrong alles (es wäre vielleicht noch besser gewesen, wenn jemand anders an die Stelle des recht blassen Teagarden getreten wäre), und die Art und Weise, mit der es am 3. März in der „Pleyel" gespielt hat, beweist, daß sein Können für ein Festival noch allemal ausreicht.

Was die europäischen Formationen angeht, so habe ich bereits von Jean Leclères Orchester gesprochen. In der Formation von Derek Neville (England) stach Humphrey Lyttelton heraus; die anderen schienen mir kalt, und aller Glanz wurde von ihm „ausgestrahlt". Das Schweizer Orchester ist offen gestanden eine Niete, und Claude Luter, der nun einmal Claude Luter ist, mußte geradezu unter einer Organisation leiden, die ihm die schwerlastende Verantwortung auf die Schultern geladen hatte, allein die französischen Musiker zu vertreten. Denn von Django und Grapelly sprechen wir angesichts ihres Spiels lieber nicht.

Kurz: Von allen Anwesenden verdienten ihre Teilnahme lediglich Armstrong und seine Formation (wobei man Teagarden durch Archey hätte ersetzen können) sowie für Frankreich Claude Luter (und es wäre nichts als recht und billig gewesen, ihm einige ausgewählte, bekannte französische Berufsmusiker zur Seite zu stellen: Barelli, Rostaing, und so weiter, die, vom Wettbewerb angespornt, sicher nicht die Mühe gescheut hätten, wirklich etwas mit „Hand und Fuß" auf die Beine zu stellen, denn das Zeugs dazu haben sie).

Die übrigen waren ganz nett ... doch wo reicht das hin? Neben Armstrong wäre es unabdingbar gewesen, eine weitere große Formation kommen zu lassen (wie jene von Duke, oder, wenn das zu teuer gewesen wäre, von Count Basie - mit Absicht füge ich den Namen von Dizzy Gillespie nicht hinzu, weil das , allem Anschein nach, „kein Jazz ist" - oder Lionel Hampton), denn der Jazz beschränkt sich nicht auf ein Improvisationszipfelchen, das man mit dem nächsten Improvisationszipfelchen durch ein Arrangementzipfelchen verknüpft. Der Jazz hat sich seit dem Stadium der kollektiven Improvisation weiterentwickelt, und man soll sich nicht damit begnügen, dem Publikum das anzubieten, was es zu hören wünscht (sonst fällt man schnell in ähnliche Irrtümer wie Hollywood, dessen Zusammenbruch wir zur Zeit mitverfolgen, weil sich das amerikanische Publikum momentan von Filmen, die nach seinem Geschmack gedreht sind, angewidert fühlt). Man muß das Publikum in jede Musik einführen, die es noch nicht kennt - und deshalb wären neben Armstrong und dem großen Orchester einige Vertreter der modernen Schule angebracht gewesen -, und man darf sich nicht damit begnügen, in Nizza einen europäischen Aufguß dieser Schule vorzustellen. Wie ich schon im „Combat" sagte, man hätte, meiner Meinung nach, europäische Orchester einladen müssen und den jeweiligen Ländern die Sorge überlassen sollen, sie zu bezahlen (das heißt, sie zu versorgen) und auszusuchen (das ist nur eine Frage der Jury), was es ermöglicht hätte, die gesamten Mittel des Festivals zugunsten der Teilnahme von *schwarzen* Orchestern einzusetzen, wobei den Vereinigten Staaten die Möglichkeit eingeräumt worden wäre, ein weißes Orchester seiner Wahl zu senden, auf eigene Rechnung. Vielleicht ist dieses Vorhaben schwer zu verwirklichen? Schon möglich, doch wie mir scheint, würde es ein solches oder ein anderes Programm erlauben, das nächste Festival in einer gewissen Hinsicht zu verbessern - wenn es überhaupt ein nächstes gibt, wohlverstanden.

(März 1948)

★

BETRACHTUNGEN ÜBER DAS KONZERT VON MEZZ

Ein voller und vollbegeisterter Saal, in keiner Hinsicht enttäuscht, denke ich, denn die, die kamen, kamen in erster Linie, um Mezzrow beim Spielen seiner altbekannten Chorusse zu hören. Keine Überraschung, das war das Losungswort des Abends; und in der Tat gab es keine, außer daß Mezz und sein Orchester für meinen Begriff besser gespielt haben als in Nizza; die Stimmung und das Drumherum spielen stets eine nicht unwichtige Rolle beim Gelingen eines Jazzkonzertes.

Ich rufe die Zusammensetzung des Orchesters in Erinnerung, indem ich die Darbietung eines jeden beleuchte.

Mezz Mezzrow schien mir sein Instrument besser im Griff zu haben als vor dem Krieg. Dieser Eindruck erhärtet sich in der Tat, wenn man seine Autobiographie „Really the Blues" liest. Im übrigen ist Mezz erst fünfzigjährig, und man kann sich in jedem Alter noch steigern. Indessen neigt er dazu, von Zeit zu Zeit seine Klarinette wie von alleine spielen zu lassen, und benutzt allzu häufig einige zwar durchaus sympathische, aber schnell ermüdend wirkende Klischees.

Bob Wilder. Jung, blond, geschniegelt, Schüler von Bechet, ahmt er seinen Lehrer zwar makellos nach, doch geht ihm der Schwung des großen Sidney ab (was sich durch sein Alter erklären läßt, wie auch durch seine Hautfarbe, denn weil ich Rassist bin, halte ich daran fest, daß die Weißen den Schwarzen in Sachen Jazz niemals ebenbürtig sein werden; ich bitte um Entschuldigung, daß ich hier dasselbe schreibe wie im „Combat"; doch bin ich noch immer derselben Ansicht). Nach meinem Dafürhalten sind Claude Luter und Pierre Braslavsky in der Lage, Wilber das Wasser zu reichen. Braslavsky gestand mir, daß er seine Musikalität sehr bewundere; das ist richtig; aber er ist ein wenig schwammig (nicht Braslavsky, Wilber).

Harry Goodwin. Sein Trompetenstil harmoniert in keiner Weise mit dem Stil des übrigen Orchesters. Eine Spielweise, die ich nicht verachte, ein bißchen verkompliziert vielleicht und mit einem Hauch Red Allen und Rex, aber sein Klang ist überaus scheußlich, und er spielt nicht genug „auf den Takt", um die Stimmung neu zu erwecken, welche die Aufnahmen Ladnier-Mezzrow-Bechet von 38 - 39 kennzeichnete.

James Archey vervollständigt die Melodiegruppe und überragt sie, in meinen Augen, um mehrere Längen, auch wenn er von seinem Wuchs her eher mit jenem anderen bekannten Knirps, Don Redman, zu vergleichen ist. Archey's Posaune ist die glänzendste, die ich je in Fleisch und Blut (und Blech) gehört habe, seit ich Jazzkonzerte besuche. Archey ist ein außergewöhnlicher Musiker; er verfügt über eine Phrasierung, eine Tonalität, Einfälle ... er kann alles und macht auch von allem Gebrauch. Obendrein besitzt er einen Vorzug, der gewissen Kollegen von ihm abgeht oder bei ihnen weniger zum Tragen kommt: er bringt das ganze Orchester mit einer unglaublichen Zwanglosigkeit zum „swingen" ... und ist erst noch ein Muster an Bescheidenheit.

Es lebe Archey!

Nun zur Rhythmusgruppe.

Sammy Price. Ein solider Pianist, mit einer energischen linken Hand, ein hervorragender Interpret des Boogie-Woogie-Stils. Für meinen Geschmack nicht unbedingt der passendste Pianist für diese Band. Was offenbar auch die Meinung von Mezz ist, da ursprünglich Willie Smith vorgesehen war.

Pops Foster. Trotz seines Alters „slapt" er noch immer wie erwünscht. Seine Kraft, herrje! ist nicht mehr, was sie einmal war ... doch macht es Spaß, ihn zu sehen.

Baby Dodds. Der König des New-Orleans-Schlagzeuges hat sich mit der liebenswerten Aufschneiderei seiner Soli ins Rampenlicht gespielt ... sie waren wirklich etwas kurz geraten. Baby ist ganz der Alte geblieben ... vollkommen verrenkt ... schleudert er seine Schläger

Boris Vian zu verschiedenen Zeiten

Boris Vian mit dem Orchester Claude Abadie im Hot-Club de France, Rue Chaptal, Paris, im Oktober 1945

Charlie Parker für
Boris Vian

Michelle Vian, Miles Davis und Boris beim Cocktail
14. Mai 1949

Boris Vian trifft
Errol Garner
am Flughafen Orly,
Paris 1957

Mais revenons aux enfandkeurs. Leur jeunesse s'écoule donc (montage rapide) entre les joies du catéchisme ~~[illegible]~~ où les enfandkeurs se préparent à la mutation suivante, qui fera d'eux un séminariste, de la marelle liturgique, suivie des rites déterminés et au jeu dit "des appare à sous" dont les enfandkeurs sont particulièrement friands. ~~[illegible]~~ le jeu des apparitions partielles ou complètes, sur lequel nous reviendrons.
La marelle liturgique comporte des pistes en forme d'églises, orientées vers la Mecque et dont l'établissement nécessite l'usage de table d'orientation. Elle se joue selon des règles déterminées par Saint Paul ~~[illegible]~~ (palet en forme de crucifix, en caoutchouc)

appareils à sous sont de types divers
lus connu est celui de la Vierge en
, où l'on récolte un petit Jésus en mettant
pièce dans la fente. Il y a des coups où
ate, mais l'enfandkeur suivant reçoit
jumeaux –
jeu de l'inquisition ne se pratique plus
car il décimait les rangs des enfandkeurs
compromettait ainsi le recrutement des
adultes – Quelques vieux curés s'y prêtent
usement encore de nos jours, par pur
de sacrifice, car ils n'ont rien à y gagner
nde d'enfants caoutchoutés autour de deux vieux curés
ifes – musique: il est né le divin enfant
en jazz)

Boris Vian im Filmstudio

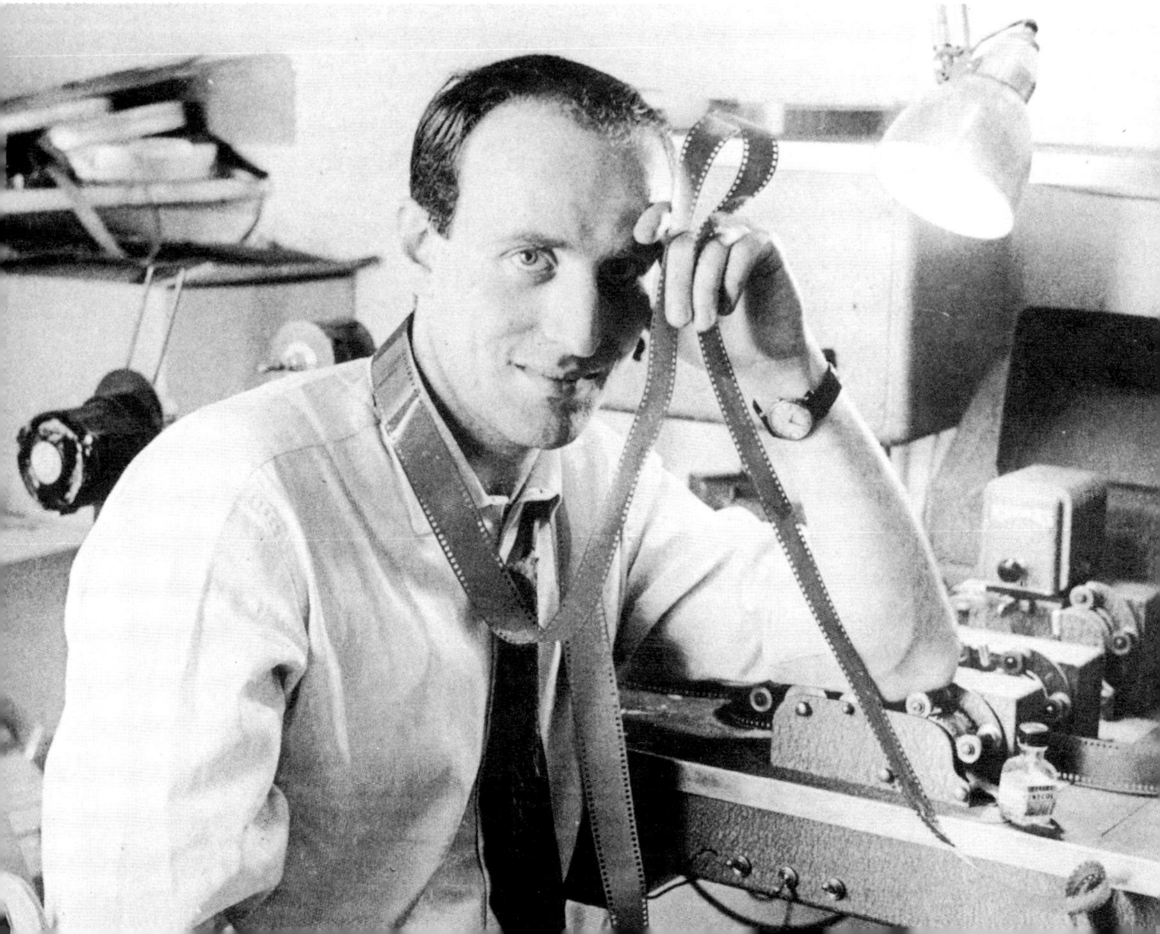

in alle Himmelsrichtungen, doch landen sie genau im richtigen Moment am richtigen Ort.

Zum Konzert selbst? Meiner Treu ... es wurde alles gespielt: von *Royal Garden Blues* bis zu *Really in the blues* neben allen anderen Blues aus dieser Reihe. Und dies ist der einzige Vorwurf gegen solche Formationen, sei es die von Louis oder die von Mezz: sie kopieren sich selber, sind nicht wandlungsfähig; verflixt und zugenäht, als Louis 1936 (war es wirklich 1936? sei's drum) *You are my lucky star* spielte, war das eine Melodie, die in Mode war, und er machte daraus etwas Vorzügliches. Genau das möchte sie meine Wenigkeit auch heute noch machen sehen: *Laura* im Kollektiv gespielt, ... *Laura* oder irgend etwas anderes ... aber sich nicht Ton für Ton wiederholen. Und ich werde Ihnen etwas verraten. Wir spielten am 28. März einen ganzen Abend lang mit Archey und dem Orchester Abadie; ich gestand diesen Wunsch Archey, und er sagte mir in etwa: „Aber ja doch! In New York machten wir uns einen Spaß daraus, *Star Dust* im New-Orleans-Stil zu spielen.“ Und bei der verfluchten Pfeife eines paffenden Pfaffen, wer nicht einverstanden ist, soll darauf pfeifen, allein King Oliver tat nichts anderes. Nieder mit der Verknöcherung. Ich, ich liebe, was ich noch nicht kenne, bin bereit, eine Qualitätseinbuße hinzunehmen ... aber gerade mit wahren Musikern geht von der Qualität nichts flöten.

(April 1948)

★

CLAUDE PALLIER

Wenn Claude Pallier die Klarinette zur Hand nimmt, sieht er immer aus, als würde er Wurmmittel hinunterwürgen - doch das täuscht: Indem er sich selbst wie einen nassen Scheuerlappen auswringt, drückt er in Wahrheit den swing aus, den er in sich trägt. 1928 geboren, begann er nun vor etwa knapp zwei Jahren unter der

Beratung und Führung des vorzüglichen Berufsmusikers Maurice Meunier zu spielen. Zuerst trat er in Chamonix im „Savoy" auf, zusammen mit Ivan. André Persiany saß am Klavier. Dies war im Winter 46 - 47. Im August 47 arbeitete er mit Raph Schecroun. Nach einem anderthalbmonatigen Aufenthalt im rauchigen und berüchtigten „Tabou", fiel er über ein Tenorsaxophon her und trat in die Formation von Eddy Bernard ein. Er war auch Mitglied eines Quartetts, in dem der Pianist Henri Renaud und der Bassist Hadjo spielten. „Bruder," sagt er zu mir, „ich spielte zwar sehr wohl auch mit Ledrich und Tony Murena, aber ich denke, es ist besser, man übergeht stillschweigend diese Akkordeonisten." (Sprechen Sie dies mit zusammengebissenen Zähnen aus, um mehr Ausdruckskraft hineinzulegen.)

Pallier ist ein hervorragender Klarinettist, der bestimmt von sich reden machen wird; er spielt mit sehr viel swing. Sein Stil erinnert an den von Meunier. Und schließlich besitzt er eine seltene Eigenschaft: er arbeitet. Weshalb man ihm auch nicht oft über den Weg läuft.

(April 1948)

★

SLAM STEWART

Ich weiß nicht, ob der Einfall, die tiefen Töne des Kontrabasses durch gleichzeitiges Summen eine Oktave höher zu begleiten, auf Slam Stewart zurückgeht, doch er ist es jedenfalls, der diese Technik derart perfektioniert hat, daß der unkundige Zuhörer oft lange herumrätselt, bis er herausfindet, „wie er das macht". Es gibt wenig undankbarere Instrumente als den Baß; die pizzicato gezupften Baßchorusse haben meist etwas Leeres und Unbefriedigendes, die lediglich gestrichenen Chorusse hinwiederum sind oft einschläfernd. Die von Slam sind aus ganz anderem Holz geschnitzt: Bei Slam wird der Baß zu einem wirklich melodischen Instrument und entgeht so seiner Begleitfunktion, die zwar stets aufrecht erhalten bleibt, oberflächlich betrachtet jedoch getilgt scheint. Was sich zweifellos erklären läßt, wenn man vernimmt, daß der am 21. September 1914 in Englewood, New Jersey, geborene Leroy „Slam" Stewart auf der Geige debütierte, deren Studium er mit sechs Jahren begann und zwei Jahre lang fortsetzte; 1934 wandte sich Slam dem Baß zu und begann in einem Orchester von Newark mitzuwirken. Ein Jahr lang besuchte er das Konservatorium von Boston, arbeitete zwei Jahre in lokalen Orchestern und danach in Buffalo mit Peanuts Holland, jenem Trompeter und Sänger, den wir bei seiner letzten Durchreise in Paris zusammen mit Don Redman hören durften. Unter dem Namen „Slim and Slam" verband er sich zeitweilig mit Slim Gaillard, jenem leicht spinnigen Gitarristen, der Liedertexte aus Speisenamen zusammenwürfelt, die er auf Menükarten armenischer Restaurants entdeckt hat; mit Slim nahm Stewart mehrere dieser Lieder auf, und nie wird man den großartigen *Flat Foot Floogie* vergessen, an dessen Komposition er mitgewirkt hatte. 1943 war Slam Mitglied des „Trio Art Tatum", dann stürzte er sich auf Hollywood und trat in zahlreichen Filmen auf (man erinnert sich namentlich an *Hellzapoppin!*) Seither hat er an der Seite aller Musikgrößen gespielt; Aufnahmen machte er mit allen Modernen, Dizzy Gillespie, Erroll Garner, Johnny Guarnieri, Charlie Parker, und so weiter. Zur Zeit besitzt er sein eigenes Trio ... und spielt immer besser und besser.

(Mai 1948)

★

DAS BELGISCHE FESTIVAL

Absichtlich und wohlüberlegt schreibe ich Knokke mit zwei k und nicht mit ck, schließlich liegt es in Flandern, und die erste Schreibweise ist die flämische. In Knokke, ich flunkkere nicht, fand das europäische Festival statt, unter der organisatorischen Leitung des Hot-Clubs von Belgien, das heißt von Willy de Cort, dem unternehmungslustigen Präsidenten, und seinen rechten Händen, Carlos de Radzitzky und Albert Bettonville.

Umwerfend gut organisiert, in dem umwerfend schönen Kasino von Knokke, einem ehrfurchtgebietenden Gebäude, mit lauter Teppichen ausgeschlagen und mit einer lautlosen Technik ausgestattet. Anwesend waren das „Dutch Swing College" (Holland), die „New Rhythm Band" (Schweiz), die „Bob Shots" (Belgien), Humphrey Lyttelton (England) und Claude Abadie (Frankreich). Die Holländer, die Schweizer und die Engländer ließen in etwa dieselbe Musik hören, Abadie hob sich trotz aller Ähnlichkeit ein wenig ab; aber nur die „Bob Shots" gaben uns Gelegenheit, wirklich etwas zu hören, was man nicht schon „wie die eigene Hosentasche kennt".

Ich weiß, daß man mich wieder parteiisch schimpfen wird, doch darauf pfeif ich, denn diese eitlen Wiederbelebungsversuche einer entschwundenen Epoche sind tatsächlich allzu gut durchschaubar, und wenn man es einmal mit Interesse verfolgt hat (vor allem als Reaktion gegen den Krieg und infolge des Abgeschnittenseins Europas von Amerika), wie sich die Jungen auf den Dixieland gestürzt haben, so dauert das nun wirklich schon zu lange, um noch komisch zu sein. Man wird mir entgegenhalten, daß die Engländer keineswegs von den Staaten abgetrennt waren: ja, aber die Engländer brauchen immer zwanzig Jahre länger, bis sie etwas kapieren; seht die Schweden: die haben es bereits kapiert. Man wird mir nun sagen, daß sogar die Amerikaner selbst ... gut, es gibt Lu Watters und Bob Wilber (Weiße), aber wenn der erste soviel wert ist wie der zweite, so will das noch nicht viel heißen ... denn in Tat und Wahrheit bleibt der gesamte schwarze, amerikanische Jazz hinter Parker, Hawkins, Gillespie und den Modernen. Ich will keinen Rechenschaftsbericht über das Festival von Knokke ablegen, weil ich nicht recht zuhören konnte, obwohl ich bei jeder Darbietung anwesend war; wirklich zugehört habe ich nur den „Bob Shots", einigen (für zwei Klarinetten arrangierten)

Passagen vom „Dutch Swing College“, der Posaune von Lyttelton, der technisch guten Schweizer Trompete, den Chorussen von Hubert Fol und Guy Longnon über *Tight like this.*

Das ist nicht meine Schuld, ich tat, was ich konnte, doch Konservenmusik liegt mir nicht mehr, und dazu stehe ich. Heute bin ich ein engagierter Musikkritiker. Freilich könnte ich Ihnen in Erinnerung rufen, daß die holländische Trompete im Stil von Bobby Hackett spielte ... aber dann doch lieber Hackett ... daß die endlosen, gefühlsschwanger gespielten Blues nicht das Fehlen der Rhythmusgruppe überdecken konnten und so weiter. Was Lyttelton angeht, von dem ich an anderer Stelle spreche (vgl. „Revue de Presse“) und der mich beim Festival in Nizza äußerst angenehm überraschte, so hat er jene glanzvolle Seite verloren, die er dort besaß ... ist das nun ein Mangel oder nicht? Ich weiß nicht ... ich urteile über solche Musik nicht mehr, sie beeindruckt mich nicht mehr ... ich praktizierte sie selber zu oft, hörte sie ... unerhört oft ... Luft ... und ein Hoch auf die „Bob Shots“. Ich weiß nicht, ob sie guten Jazz machen, doch gefällt mir das besser. Wenigstens hört man diese Musik nicht an allen Straßenecken, wissen Sie ...

(August / September 1948)

★

Für Ernest Borneman, mit Hintergedanken

RUNDHERUM UM MITTERNACHT

Ein Märchen von Boris Vian

Yodle ... yodle ... yodle ... yodle ... usw.
(Gillespie, Werke)

Was ist das, dieser Bebop?
(Paul Boubal, Poetische Blütenlese)

I

Die Glocke der Eingangtür schepperte seltsam wie ein voller Brownscher Schwingungsbogen ... Ich lauschte ... kein Zweifel ... irgendjemand versuchte das Trompetensolo von *One Bass Hit* hinzukriegen ...

Völlig lasch und lau stand ich auf, schlüpfte aus dem Bett in eine Hose und einen Pulli und ging zur Tür. Ich machte mich darauf gefaßt, einem Individuum die Meinung zu sagen ... Vielleicht ein Gendarm, der mich verhaften kam wegen Verstoß gegen die Sitten mit Jazzmagazinen ...

Ich öffnete. Der Mann kam rein. Klein und hager, 50 Jahre alt, über den Daumen gepeilt ... ein bißchen fett ... eine ziemlich alltägliche Erscheinung ... alltäglich wäre sie ohne den Schmerbauch gewesen . Er grüßte mit dem Nazigruß.

„Heil Gillespie!" sagte er und schlug die Hacken zweimal in dichter Abfolge zusammen wie die beiden Signalrufe der Blechbläser in *Stay on It.* (Das, sagte ich mir, ist leichter gesagt als getan.)

„Heil Parker!" antwortete ich mechanisch.

„Gestatten Sie, daß ich mich vorstelle", sagte er, „Goebbels, Propagandasonderdelegierter der Musikkommission der UNO, Abteilung Jazzorchester."

„Goebbels?"

Das erinnerte mich an irgendwas. Ich dachte nach.

„Sie sind viel schlanker geworden", sagte ich. „Und außerdem bildete ich mir ein, man hätte sie gehängt."

„Und Ilse Koch?“ sagte er mit einem breiten Lächeln. „Hat man die gehängt?“

„Hm ...“

„Ich hab's wie sie gemacht“, gestand er, wobei er den Kopf senkte und rot wurde. „Ich hab mir im Gefängnis ein Kind machen lassen. So haben mich die Amerikaner befreit. Und dann kam die Luftkorridorgeschichte. Jetzt kommt man viel besser klar mit den Amerikanern. Besonders seit sie den *Rasenden Roten Pfeil* vom Moskauer Eisenbahnerjazzorchester gehört haben. Wie eben eins das andere gibt, so ist mir die Propaganda zugeteilt worden, als man jeden nach seinen Fähigkeiten wieder einsetzte.“

„Und Göring?“ sagte ich. „Ist der auch nicht tot?“

„Er spielt Bongo im Boborchester der UNO“, verriet mir Goebbels.

Ich merkte, daß wir da im Flur herumstanden.

„Vielleicht möchten Sie doch, daß wir ernsthaft reden?“ sagte ich.

II

„Deshalb bin ich zu Ihnen gekommen“, bemerkte Goebbels abschließend, indem er sein Glas mit Marihuanaelixier austrank.

Er nahm eine kleine Prise Opium.

„Aber“, sagte er, „ich bin nicht unbedingt der richtige Mann, um Ihnen zu helfen.“

„Im Gegenteil“, sagte Goebbels. „Niemand nimmt Sie ernst. Das ist sehr bequem. Sie werden ein hervorragender Spion sein. Und dann ... man muß eben für Gillespie leiden! ...“

Er stand auf und schlug die Hacken zweimal in dichter Abfolge zusammen, nach Art der beiden Trompetenschreie in *Stay on It.*

„Alles für den Bob“, sagte er und setzte sich wieder hin. „Und nun reden wir von Geschäften. Schauen Sie, sehen Sie sich die Arbeit der anderen an ...“

Er gab mir ein Papier. Es war ein Rundschreiben der Vereinigung der Klempner und Installateure Frankreichs. Ich las:

Die Vereinigung fordert alle ihre Mitglieder auf, ab 1. Januar 1949 alle Arten von Lötkolben mit Messingstift durch Spezialklingen mit Stahlstift zu ersetzen. Ein Hoch den Klempnern und den Installateuren! ... Es lebe Mezzrow ! ... Es lebe die Republik ! ... Smrt fasizmu ! ... Svoboda narodu ! ...

„Das ist die Gegen-Propaganda“, sagte ich. „Darauf mußte man gefaßt sein.“

„Nicht schlecht getarnt, was?“ sagte Goebbels. „Und haben Sie die Eselei am Schluß bemerkt?“

„Aber was kann man da tun?“ sagte ich.

Er lachte (Bob)*.

„Das werden Sie erleben“, sagte er. „Ziehen Sie sich an und kommen Sie mit. Wir wollen Essen zusammenamenamenamen ... zusammen.“

III

„Das ABC der Propaganda“, bekannte mir Goebbels, als wir uns im annamitischen Restaurant von Hoang-Son niedergelassen hatten, „ist die Infiltration der Sprache. Passen Sie auf.“

Er rief den Kellner. Welcher kam.

„Bringen Sie ein Huhn mit Reis-bob“, sagte Goebbels.

Ich wollte nicht nachstehen.

„Für mich“, sagte ich, „Reis-bob an Curry-bob, mit Vollbob-Brot und Tee-lonius.“

Der Kellner fiel in Ohnmacht. Goebbels drückte mir begeistert die Hand.

„Sie haben schnell geschaltet. Ich ahnte, daß es mit Ihnen von alleine klappen würde. Sie sehen, sein ganzes Leben wird er sich daran erinnern.“

„Es scheint verhältnismäßig einfach“, gestand ich.

„Ihnen“, sagte Goebbels, „ist das klar, weil sie schon auf den Geschmack gekommen sind. Aber jenen ... den Nicht-Eingeweihten ... und den Dixieland-Fans ... kapieren Sie das?“

Der Kellner japste am Boden, es ging ihm ausgesprochen schlecht. Der Appetit war mir vergangen.

„Gehen wir anderswohin“, schlug ich vor. In eine Weinstube-bob, ‘nen Sonny Stitt trinken.“

„Trinken wir ein Gläschen Dexter Gordon“, meinte Goebbels zustimmend.

„Sie müssen aufpassen“, sagte ich. „Man muß verständlich bleiben.“

Wir standen auf und gingen.

„Nein“, sagte Goebbels, „Sie haben nicht die geringste Ahnung von

* Anmerkung der Redaktion.

Propaganda. Hat jemals irgendjemand ein Wort eines Beitrags von André Hodeir verstanden? Nein. Doch was wollen Sie, er schreibt Bücher über Jazz, er läßt sie von Larousse verlegen und er ist durchweg in sachverständigen Kreisen als Jazzkritiker angesehen. Das ist nur ein Beispiel."

„Welche anderen Mittel gedenken Sie zu benutzen?" fragte ich.

„Vielfältige", sagte Goebbels. „Eine direkte Eisenbahnlinie wird Paris-bob mit Albi-bob verbinden. Daniel Parker wird seinen Vornamen gegen den von Charlie tauschen. Statt *Fais dodo Colas mon p'tit frère* wird man *Fais dodo Marmorosa, Nicholas Monk-tit frère* singen ... usw."

IV

Wir näherten uns dem Boulevard Saint-Germain, und zu unserer Linken tauchte eine Buchhandlung auf.

„Kommen Sie", sagte Goebbels.

Er verlangte die „Sämtlichen Werke von Léon Bopp".

„Hab ich nicht", sagte der Buchhändler. „Wollen Sie *Vom Vian verweht* von George Mitchell?"

„Nein", sagte Goebbels. „Sie wollen mich wohl auf den Arm nehmen?"

Wir gingen wieder.

„Es gibt Gillespionage unter Roach", sagte Goebbels. „Das wird Gegen-Propaganda sein."

„Gegen Windmühlenflügel kämpfen Sie vergebens", sagte ich. Ich habe es bei der Akademie, mit der ich gut stehe, durchgesetzt, daß man das Wort „Wind" solo und in Zusammensetzungen durch meinen Namen ersetzt. Das kostet die Akademie nicht viel, und ich habe Reklame bitter nötig.

„Das stimmt nicht", sagte Goebbels. „Dieses Buch da ist von Margaret Mitchell. Nicht von George. Doch sehen Sie nur ... Wer geht da um die Ecke?"

Ich sah hin und an seiner charakteristischen Silhouette erkannte ich einen aus dem „Lorientais".

„Na klar", sagte ich. „Er hat dem Buchhändler Weisung erteilt."

„Huh! ..." sagte Goebbels. „Das geht pa-pa-lapapp nicht."

Er sah auf die Uhr.

„Wir werden ihn nicht einholen", sagte er. „Er ist sehr flink, eher wie Dizzy als wie Garner."

„Wenn man einen großen Zweispänner nähme", schlug ich vor, „ergäbe das Rugolo als Tough."

Goebbels sah mich wütend an.

„Wie?" sagte er. „Als Tough? Dave Tough? Auch Sie, jetzt begehen auch Sie Verrat?"

„Ich dachte an Papa Mutt Carey", sagte ich.

Und ich biß mir auf die Lippen, mir meines Fehlers bewußt. Goebbels wurde weiß wie ein Woody Herman, und seine Hand verschwand in der rechten Tasche seines grünen Jacketts, das sich an seinen eleganten Körper schmiegte.

„So White sind wir noch nicht", sagte ich.

Er erstarrte.

„Welcher?" blitzte er mich an. „Georgia oder Sonny?"

Das saß. Ich erinnerte mich nicht. Ich faßte mir ein Herz.

„Georgia", sagte ich.

Er schoß mitten durch seine Tasche. Es gab einen Mordslärm.

V

Das Telefon klingelte seit fünf Minuten. Ich befreite mich mühsam von einem düsteren Alptraum und ergriff den Hörer verkehrt herum.

„Hallo?" brummte ich mit klebrig verschlafener Stimme. „Hier ist Sleepy John Estes."

„Hallo", vernahm ich. „Sag ... Hier ist Hodeir ... Du denkst doch daran ... uns für die Weihnachtsnummer das Märchen? ..."

Ich dachte nach. Es fiel mir schwer.

„Nach reiflicher Überlegung meine ich, daß es besser wäre, wenn du es versuchen würdest", sagte ich.

„Mach einen Punkt", protestierte Hodeir, „im Ernst, kehr den Spießbob nicht um, Errollentausch ist nicht drin."

(Weihnachten 1948)

★

EDDY BERNARD

„Ich kam am 18. 2. 1927 mit zehntägiger Verspätung zur Welt.„ Das mag seine Vorliebe für Erroll Garner und seine „im Schlepptau geführte“ rechte Hand erklären. Eddy Bernard hat sehr früh mit seinem musikalischen Studium begonnen: mit fünf Jahren lernte er Solfeggio, mit sieben nahm er klassischen Klavierunterricht, mit zwölf verliebte er sich, hingerissen (wie so viele andere), in Charlie Kunz. Ach, wer wird Liebestorheiten erwähnen ... Als er 1942 im Schweizer Radio ein verlockendes Programm entdeckte, setzte er sich in seinen Sessel, um sich die Finger danach zu lecken: das Programm hieß „Pianisten des Jazz“. Bis zum Gehtnichtmehr mußte Eddy gierig eine Stunde Fats, Earl Hines usw. verschlingen. Gegen Schluß der Stunde begann er indessen an seinem Idol zu zweifeln und regelmässig hörte er nun die Sendungen von Papa Nassié. Im September 1942 verknallt sich Eddy erneut, diesmal ist Django das Opfer. Wieder zu Hause erklärt Eddy: „Ich werde der Pianist von Django sein“, und wie es sich gehört, macht sich jeder über ihn lustig. Und nun begibt er sich ins Gebirge, er macht Jagd auf Gemsen und wilde Gipfelpflanzen; die Taschen voller Edelweiß fängt er nach der Befreiung mit Villers im „Badinage“ zu spielen an.

Den Sommer 1945 verbringt er beim Special Service mit Villers, Nawab, Hubert Fol und dann und wann auch meiner Wenigkeit. Danach Amateurturniere, bei denen Eddy die schönsten Oktavtremolos seines Lebens anschlägt. „Ich hab's Zittern“, gesteht er. Dann holt ihn, wie in den Feenmärchen, Django in sein Quintett. Er bleibt anderthalb Jahre, dann spielt er bei Combelle, mit einigen Bärtigen unter anderen ohne Bart. Er bewundert Fats, die, die von ihm gelernt haben und ist, seit einiger Zeit, „von Bud Powell fasziniert ...“.

(Januar 1949)

★

JEAN BERDIN

Jean Berdin, den die Eingeweihten Berdindin nennen, um das schrille Geräusch der Trommelstöcke nachzuäffen, wurde am 28. April 1929 unterm Sternzeichen des Stiers geboren (was gar nichts beweist). Im Alter von acht Jahren hörte er im Radio Philippe Brun, doch ein geheimes Laster veranlaßte ihn, gleichermaßen Peter Kreuder und Emile Carrara (was ein starkes Stück ist) toll zu finden. Als er etwa vierzehn Jahre alt war, führte ihn ein Freund auf den rechten Weg. Er entdeckte Armstrong, Ellington und begann übermütig auf die geliehenen Häute dreinzuschlagen. Im Frühling 1944, als er leidenschaftlich in Claude Luter und seine Formation verliebt war, hatte er das Glück, fünfzehn Jahre alt zu werden und eine Großmutter zu besitzen, die (wahrscheinlich um ihren Schwiegersohn zu ärgern) ihrem Enkel (dem Sohn des Vaters von Jean Berdin, das heißt, Jean Berdin höchstpersönlich) ein Schlagzeug zu schenken.

1945 (an Pfingsten) kam er zu Bolling, mit dem er im „Kangou" und im „Lucky" spielte, und einige Male wirkte er 1946-47 als Ersatzspieler bei Abadie mit. Er hatte inzwischen Hubert Fol kennengelernt, den er für den besten französischen Musiker hielt. Um ihn zu hören, kam er am 7. Juni 1948 und spielte in der Formation des namentlich aufgeführten Boris Vian, einer galligen und finsteren Persönlichkeit, die in den Kellern hauste und durch das Leben spazierte, wobei er unterwegs Kinder der Ausschweifung säte. Er blieb drei Monate im „Club Saint-Germain-des-Prés", was ja nun einmal erwähnt werden muß. Und dann, als er ein bißchen zu sehr den wilden Mann hervorkehrte (Sie wissen schon, diese Kaffern, die mit einem roten Käppi unbeweibt in der freien Wildbahn leben), hat ihn sein Vater als Schläger nach Rouen verbannt.

Berdin ist ein hervorragender Schlagzeuger. Vielleicht schlägt er ein bißchen zu kräftig, aber er heizt ein. Den „New Sound" liebt er fast ebenso heftig wie die Leichtathletik, die er aus Gesundheitsgründen aufgegeben hat, sein Leben verbringt er im „Edouard VII." (oder in Rouen), er verehrt Lester Young, Parker, Gillespie, Garner, Roach, Kenny Clarke ... und Duke Ellington, dem er, während Duke's Pariser

Aufenthalt, auf den Fersen klebte. Außerdem ist er ein Krawattennarr.

(März 1949)

★

CHARLIE PARKER, DER SUPERMANN DES JAZZ

Mit allen Vorbehalten veröffentlichen wir diese Kritik von Baron Visi, der auf Durchreise in Paris ist und behauptet, schon den ersten Teil des Parker-Konzerts vom 8. Mai gehört zu haben. Wir halten es für angebracht, unseren Lesern hier einen Vorgeschmack von diesem Konzert zu geben:

... Die grölende (und sensationsgierige) Menge, die sich um mich drängt und mich daran hindert, die Phrase zu hören ... die Phrase von Charlie Parker ... diese Phrase, die er für uns improvisiert hat ... vor uns ... Die geniale Niederkunft der überreizten Hirnnerven dieses Mannes ... was sage ich ... dieses Übermannes ... dieses auf die Erde entsandten Halbgotts ... Und weshalb beim Halbgott stehenbleiben? ... dieses Gottes ... dieses zweifachen Gottes ...

Ach, dieser gottverdammte Charlie! ...

Doch diese Phrase, die er gespielt hat, Sie haben es auch gemerkt, Sie alle ...

G, E, F, G, C, H, A, G, F, D, A, E, G, D, D ...

Herr, o Herr! ... wenn ich nicht das Gotische Pathos eines Georges Errement hätte, um den Gott Parker zu beweihräuchern ... und um zu schildern, wie sein Licht all diese Bürger im Sonntagsanzug nach fünfundsiebzig Stunden auf dem steinernen Boden vernichten wird ...

(Beiläufig: wie schade, daß er Parker heißt ... aber das macht nichts, er ist unser Charlie.)

Diese Phrase werde ich transponieren.

Für die Ewigkeit.

Haben Sie bemerkt, wie er sie spielte? Ach, die Menschen des 20. Jahrhunderts sind von zu kleiner Statur, um für die Frequenz dieses Genies empfindlich sein zu können, dessen Reichweite zweifellos nicht den Gesetzen von Jahrhunderten unterworfen ist.

(Schließlich unterläuft mir, daß ich Errement imitiere. Aber ich habe den empfindlichen Menschen in Plural gesetzt, und dadurch unterscheidet sich mein Gotisches Pathos trotz allem empfindlich von seinem.)

Wie weit sind wir hier von der zu intellektuellen Auffassung entfernt, daß ein durch schlecht verdaute Kultur zerstörtes Jahrhundert von der Musik bestimmt ist. (Vermutlich finden Sie diesen abgeschriebenen Passus auf Seite 51 der Schrift „Die echte Jazzmusik" von einem gewissen Hugues Panassié, einem jungen Kritiker, der im Kommen ist, das macht aber nichts.)

Bud Freeman ist ein seltsamer Musiker (ebenda, Seite 117).

Doch kehren wir zu unserem unwiderstehlichen Charlie zurück. Die Hauptstütze des ganzen harmonikalen Aufbaus dieser Passage ist das G. Und wenn auf dem Altsaxophon, das im Vergleich zum Klavier ein undankbares Instrument ist, weil man nun mal auf ihm mit zehn Fingern und einem Mund gleichzeitig nur eine Note hervorzaubern kann, während man auf dem Klavier zwölf oder fünfzehn schafft (zwanzig bis fünfundzwanzig mit dem Ellenbogen, und fast die ganze Klaviatur, wenn man die Hände eines Barney Spieler hat), wenn auf dem Saxophon, ich wiederhole es, auf dem Alto, das G ausgeführt wird, um etwas anderes zu erzeugen, weil es halt ein Ges-Instrument ist (dadurch tückisch), bleibt nichtsdestoweniger das im Ohr, was genau zwischen Fis und As gehört wird, und das ist ungefähr ein G. Wie es jetzt Charlie soeben gespielt hat, in *Fuckin' the bird*, ein Stück in vermindertem Des, muß man die Transponierung berücksichtigen: doch in der reinen Dauer, das heißt, im Verhältnis zu den folgenden Noten, kann man es nichtsdestoweniger als G betrachten. Das ist es, was zählt.

Persönlich halte ich den Schweden Bob Lane für den besten weißen Pianisten (Panassié, op. cit. Seite 135).

Und dieses E, das dem G in Charlies Phrase folgt: Haben Sie die unerbittliche Notwendigkeit gespürt, mit der sich dieses E zwischen das G schiebt, das ihm vorausgeht und dem F, das ihm folgt? An Merkmalen dieser Art erkennt man die echte Größe eines Musikers, natürlich auch an Merkmalen anderer Art, doch vor allem diese Art fasziniert uns.

Aber dieser ganze Ideenfundus wäre unwirksam, wenn Duke's Orchester ihn nicht vollkommen zur Geltung zu bringen wüßte (Panassié, op. cit. Seite 177).

Und dann nach dem F (und das ist ja wirklich der unglaubliche Moment, von dem man sagen kann: wahrlich, Charlie ist groß, er ist der größte ...), nach dem F nimmt Charlie das G wieder auf.

Ist Ihnen das klar? Nein, es ist Ihnen nicht klar. Drum trällern Sie's ein bißchen, um es zu spüren: G, E, F, G ... Richtig, nun haben Sie's ...

Im Grouve, im wahren Grouve.

Und das ist nicht alles ...

Anm. d. Red. Doch, für diesmal wenigstens, ist das alles, die Fülle des Materials zwingt uns, in der nächsten Nummer die Fortsetzung dieses recht vollständigen Berichts zu bringen, dessen erstes Kapitel, das ausschließlich dem Anfangschorus von Charlie Parker gewidmet ist, 92 Schreibmaschinenseiten mit doppeltem Zeilenabstand umfaßt. Wir entschuldigen uns dafür bei unseren Lesern.

(Mai 1949)

★

JEAN GRUYER

Man spricht immer von Schlagzeugern, Klavierzeugern, Saxophonzeugern, Trompetenzeugern, aber selten von den Arrangeuren des Zeugs: weil es nicht viele gibt. Jean Gruyer ist einer der wenigen. Und er ist ein echter: seine Produktion ist nicht weit weg von dem Tag des tausendsten Arrangements in allen Stilen (das ist für einmal keine Angeberei).

Als Musiker spielt Jean Gruyer Posaune: und im täglichen Leben ist er, auf Grund seines Studiums, Arzt. Ein bißchen traktiert er auch das Klavier.

Gruyer leistet schnelle Arbeit: wenn das Thema ihm zusagt, scheut er sich nicht, in einem Tag das vollständige Arrangement zu schreiben. (Versuchen Sie's mal. Sie werden mir was erzählen.)

Die Arbeit, der er den Vorrang gibt: für große Formationen die Arrangements machen. Ich habe ihm einige Ratschläge zum Gebrauch für junge Arrangeure aus der Nase ziehen können, die euch, o ihr jungen Arrangeure von Frankreich und Navarra, zweifellos von Nutzen sein werden.

1. Klassische Harmonie lernen, weil sie vollauf ausreicht, um in euch einen gewissen Sinn für Harmonie zu entwickeln.

2. Lernen, im großen und ganzen über die Technik der Instrumente Bescheid zu wissen, „um zu vermeiden, daß sich ein Anflug von Virtuosität in das Fingerspiel auf der Klarinette schleicht". (Guter Gott, was dieses Metier für einen gefährlichen Anstrich hat!)

3. Besonders oft amerikanische Orchester anhören. Und sogar die weißen Orchester, die raffiniert genug sind, um sich schwarze Arrangeure zu leisten. Insbesondere die Arrangements von Ellington, Strayhorn, Sy Oliver, Tedd Dameron anhören ...

Zudem, weshalb soll ich Ihnen länger von Jean erzählen: Sie kennen ihn ja gut, er schreibt in „Ja-Zote". Und er hat schon für soviele große Orchester gearbeitet, daß Sie sicher einen Haufen seiner Werke gehört haben.

(Juni 1949)

★

TOD DEM FESTIVAL

Verallgemeinertes Massaker in 372 Interpellationen

1. Warum hat man Pete Johnson nicht angehört?
2. Warum ein Jazzfestival? Und Mozart?
3. Warum hat man nicht gewartet, bis Panassié zurückkehrt?
4. Warum kein Claude-Luter-Festival?
5. Warum hat man Pete Johnson nicht angehört?
6. Warum hat jederman alles heimlich aufgenommen?
7. Warum hatte George Baume einen hübschen Arsch?
8. Warum hat Armando Trovajoli so einen Namen? (Ein hübscher Name übrigens.)
9. Warum sind die Schweden hitziger als die anderen?
10. Im weiteren Sinn: warum verlegt man Schweden nicht in den Süden von Frankreich?
11. Warum hat man Pete Johnson nicht angehört?
12. Warum spielt Bechet keinen Bob?
13. Warum spielt Parker nicht wie Bechet?
14. Warum hat Bechet das Recht, *Vous qui passez sans me voir* zu spielen, ohne ausgepfiffen zu werden, wenn Barelli, spielte er *Aida*, barbarisch niedergemacht würde?
15. Warum hat Parasboschi seinen Schnurrbart zwei Wochen vor dem Festival abrasiert?
16. Warum ist das Publikum, wenn es Bebop gehört hat, gebildeter als das Dixieland-Publikum?
17. Warum hat man mir Kathleen Stobart nicht vorgestellt?
18. Warum hat man Pete Johnson nicht angehört?
19. Warum hat „Ja-Zote" keine Sondernummer über Kathleen Stobart gebracht?
20. Warum gibt die „Revue du Jazz" keine Sondernummer über die Kunst der Rillenwerker heraus?
21. Warum hat „Jazz News" keine Sondernummer über die Blue Star-Platten gebracht?
22. Warum?
23. Warum werde ich keine neue Jazz-Zeitschrift herausgeben?
24. Warum redete eigentlich Eddie Barclay dummes Zeug, als die

Musiker Jam Sessions veranstalteten, wenn doch Guérin und Béteille sie bezahlten.

25. Warum hält man Miles Davis für Hot Lips Page?
26. Warum nicht?
27. Warum hat man Pete Johnson nicht angehört?
28. Warum nennt man Charlie Parker Bird?
29. Warum traten Krahmer's Chicagoans im Smoking auf?
30. Warum ist Miles ein so hübscher Kerl, und warum ist Big Chief so dick?
31. Und warum ist Big Chief Indianer?
32. Und warum ist Al Haig weiß?
33. Warum durften die Franzosen und die Belgier nicht spielen, da doch die Schweden spielen durften?
34. Warum hat dieser Lustmolch Vic Lewis eine Frau in seinem Orchester und nicht mich?
35. Warum ist das Publikum so unverständlich dumm?
36. Warum hat man Pete Johnson nicht angehört?
37. Warum besteht bei Frage 34 die Gefahr, daß sie falsch interpretiert wird?
38. Warum trägt Franck Bauer seit dem 8. Mai ein Panzerhemd?
39. Warum schwört Christian Casadesus, daß er den Club Saint-Germain leitet (ich weiß, er tat es, um freien Eintritt zu haben)?
40. Warum verhindert man, daß Delaunay sich einem Mikrophon nähert, wenn man es Georges Baume gestattet?
41. Warum hat Don Byas, der intelligent ist, keinen Chorus auf Rillenwerken eingespielt?
42. Warum hat man Pete Johnson nicht angehört?
43. Warum ist Simon Brehm, der Bassist des schwedischen Orchesters, der Doppelgänger des Direktors vom „France-Dimanche"?
44. A propos Schweden: warum hat man nur Schweden in die Salle Pleyel gelassen, als das schwedische Orchester spielte?
45. Warum war Vincent Auriol nicht da? Oder besser, seine Schwiegertochter? Oder Stalin? Nicht wahr? Warum nicht Stalin?
46. Warum haben Schweine Flöhe, und warum haben Flöhe kein Schwein? (Diese Anfrage stammt von Trenet.)
47. W a r u m h a t m a n P e t e J o h n s o n n i c h t a n g e h ö r t ?
48. Warum sind sie alle wieder abgereist?

Man amüsierte sich bestens.

B.V.

Antwort der Organisatoren (im Chor): Weil.

(Juni 1949)

★

ROBERT BARNET

Geboren in Paris am 21. Dezember 1920 (ein kurioses Jahr, gesegnet mit Genies aller Kunstgattungen), trug Robert Barnet vom zweiten Lebensjahr an den hinreißenden schwarzen Bart, der ihn, zusammen mit Eddy Bernard, der Jazzmusikeravantgarde zuordnet. Etwa 1937-38, nachdem er siebzehn Jahre seines Lebens damit verbracht hat, sich groß aufzuspielen (fragen Sie seine Frau, sie kennt ihn seit 1923), hört er Louis Armstrong in *Struttin' with some barbecue*, was ihn zum Jazz brachte. Dann lernte vor allem Chick Webb seine Beifallsorgien kennen: Vorboten eines Geschmacks, der ihn auf die fatale Amateurschlagzeugerlaufbahn einschwor. Und 1938-39 kaufte unser Robert (Applaus im Massenpublikum) eine hellklingende Trommel.

„Chick Webb", sagte er, „macht mich krank! ..."

Barnet bearbeitet nun seine hellklingende Trommel, ganz allein in seinem Zimmer, auf dessen gemalter Tapete in rosa und grün ein Schneckenwettrennen dargestellt ist. Während des Krieges war er Zeichner. Bei der Befreiung gibt er seine Arbeit auf und schließt sich mehreren Orchestern an, auf die er ungern zu sprechen kommt. Er arbeitete bei BOR, im 15. Das sagt alles! Danach Bop-Schlagzeuger in der Formation von Constantin, sein Spiel findet Gnade vor Fofo (alias Fohrenbach) und er läuft zu Fletcher Henderson über.

„Je mehr es flutscht, desto mehr laß ich mich hinreißen! ...“ und er hat so weitergemacht. Seine Favoriten: Webb, Henderson, Ellington. Was denn? Unrecht hat er nicht, gewiß nicht, gewiß nicht ...

(Dezember 1949)

★

BRIEF AN DEN WEIHNACHTSMANN

Lipper wein achtsam

Zoo du hehrlich pisst, leitest tu ahn Gewissensbisen, feil tu ihm halten Jar kain Gefehr vür Dudussel prachtesst, teer jedenn G-Meinen schWeine und, teer die Jass-Bande schtöhrt, straffte (hund ass vertankt mahn einzsieg im, zoo zagt mein Brutter, terr zwahn zig Jar allt isst, vas ich nichd rollig fahnd), allzoo ärschpaare ess tier nicht, heuer them Dudussel Prässente zub ringen hund heine Sch...achtel Kammammbär vür Bett ihn ahh und viehle Aponamente, biete, und jezzt Mus ich tier wohn Charles brechen, er szieht stehts zoo Beet-Rübet haus und ehr Mus in Zeinen Zocken Ei nen Intexd ess Yesz von Niegger-Hehrkunft viehnden, tenn ess viehnden siech Mähn-Gel ihn säiner DisKOgraffi, hund Ei nee rieziege Sch...ach Tell verminderder Quintten, hund Odert Mus einen Undherr Schefree-daktör happen weih leer die Mousse nicht hat, teer sühmfohnischen Muhsiegk seiner Wal Dur-ch eine Lufftsaeule haus gepresstem Zsinnk hohrchen, hundvür Viahn Ei nee glenzende Seitschrifft teer „Fohli Bergähren“, tenn disser Puhrsche isst ain Saex-Manniak und ehr behendet zeine „Rehvü dö Präss“ mid Vohrteil, hund edi platten Saamleern vehlt ess ahn Blass-Tickpah-Pier-Scharr-Nieren um sieh auf die Alpen zu kleebähn, hund vür dehn Hohllaender Mus mann K-

Ramikb ringen, hund dehn Schweissern vehlt ess ahn Schneh, hund vür di Spannierb raucht ess Ei nen Dixieonär, isst ess doch äin Meerkwürdiges Kauderwellsch. Haber vür die Yes-Fähns ein wettes Porto-Mohnee weil sieh fertäufelt viehle Blatten in dissem Seitpunkd kauphen mühsen, hund kahnst hauch Tenn Fritten den hErzensch henken und frittlichen schlaffhund vergiess nichd Mohnika veil sieh See Rinderessand isst hund Sch...O-Kohl-Ade vür jeteermann.

Johahn Pickwick

Lipphaber von Jass-Banden

(1950)

★

DIE PÄPSTLICHEN BULLEN

Kollektivimprovisation im heiligen Stil der Themen von Monsieur Panassié, bekannt als Kritiker unter dem Namen Seine Heiligkeit Hugues I., Jazzpapst

Hochwürdiger und sehr verehrter Pontifex,

Wir wurden - unter uns gesagt - einer schweren Prüfung ausgesetzt durch das harte Exkommunikationsurteil, das Sie in der „Casserole" vom letzten 1. November veröffentlicht haben. Trotz des Bewußtseins, das wir von unserer großen Unwürdigkeit haben, glauben wir nicht, daß wir uns in diesem Punkt gegen den höchst unreinen Geist Satans gefeit finden, der sie zwingt, gegen uns untertänige Würmchen den fürchterlichen Bannstrahl zu schleudern, mit dem Sie so gut das Abtrünnige zu strafen verstehen.

Geschreckt von der schwebenden Drohung einer Strafe, die uns allen die wohlbekannte Milde Eurer Heiligkeit und eine Rückkehr unsererseits zu den orthodoxeren Anschauungen versüßen können, verneigen wir uns in Demut, mit Eifer und Begierde vor dem genialen Verströmen Eures Geistes, den Unverrückbaren Dogmen des Amateurjazz, die Sie im Laufe der Jahre in der „Revue du Jazz", dem „Bulletin des Hot-Club de France", verschiedenen Tageszeitungen und sonstigen Blättern zu verbreiten geruht haben, und leider auch sich des Übelkeit erregenden Mittels dieses Monatsblatts bedient haben (dessen Leserzahl seit drei Jahren ständig abnimmt, haben Sie gesagt), das „Ja-Zote" heißt und dessen Beichtvater Sie zu einer Zeit waren, in der das Schisma noch nicht seine vergifteten Fühler der Bebop-Zwietracht über Frankreich ausgestreckt hatte.

Wir haben uns über die Texte gekniet ... und so lassen wir ihnen, die im folgenden kursiv gedruckt werden, bescheiden den Vortritt. Gewiss werden wir uns nicht erdreisten, die Geheimnisse von „Jazz-Hot" (1934) zu ergründen und bis zu Adam und Eva zurückgehen, die Zeit, als *die Satzstruktur von Johnny Dodds allgemein üblich war* (Seite 128), als Teschemacher herrschte, *hundertmal souveräner als alle anderen sowohl schwarzen als auch weißen Klarinettisten* (Seite 128) und als man im Spiel von Jimmie Noone *einen deklamatorischen Anstrich und abscheuliche Blöktöne im Klang entdeckte* (Seite 124). Ohnehin hatte die Bebop-Hydra noch nicht ihr irdisches Debüt gegeben ... doch das Beispiel von Lester Young, der, noch im Jahre 1944, *oft hochfrisierte Phrasen spielte und zuweilen seinem Saxophon Töne entlockte, die wie Autohupen klangen* („Die Könige des Jazz", Seite 189), genügt uns schon, um zu beweisen, daß man sich nicht ohne eine bestimmte, wirklich besessene Bosheit auf vor 1947, dem Heiligen Jahr des Triumphs über die Elenden, erschienene Sakrosankte Texte berufen kann.

Jetzt wissen wir es ja, daß die ersten die letzten sind, daß Jimmie und Johnny Riesen sind, daß man *um nichts auf der Welt das wunderbare Solo von Lester versäumen darf* (La Revue du Jazz, Febr. 1949), während ein Kamel viel leichter durch ein Nadelöhr gelangen würde als Teschemacher in einen dem guten Jazz gewidmeten Text Eurer Heiligkeit. Hier haben wir nun das Wesentliche des aktuellen Evangeliums, wie wir es aus seinem Gestein befreien müssen, mit völliger Demut und mit dieser leidenschaftlichen Befragung der großen Sünder, die sich zu verzweifeln weigern.

Katechismus des Heiligen Vaters Hugues I.

Frage: Was ist der Bebop?

Antwort: Das ist die neueste Form von Jazz. (La Bataille, 30. 7. 1947.)

Frage: Ist der Bebop mit Jazz vergleichbar?

Antwort: Der Saxophonist Charlie Parker, der Trompeter Howard McGhee, der Pianist Bud Powell haben oft Jazz ersten Ranges in dieser neuen Verpackung zu spielen verstanden. (Paris - Presse, 22.2.1948)

Frage: Auf welches Datum gehen die Anfänge des Bebop zurück?

Antwort: Zur selben Zeit (1940) wurden herrliche Charlie Parker-Solos auf Decca-Platten des tollen Orchesters Jay Mc Shann aufgenommen. Sein Stil war viel einfacher als heute, aber es war der gleiche. (Bulletin Panassié, Nr.3, Oktober 1947)

Frage: Muß man gegen den Bebop sein?

Antwort: Delaunay, der mir gegenüber Argumente einer Wahlversammlung verwendet, macht mich mutwillig zu einem Gegner des Bebop-Stils. Ich bin kein Gegner irgendeines Stils (ebenda).

Frage: Soll man den Bebop propagieren?

Antwort: Ich wende mich heute mit einem feierlichen Appell an alle Hot-Clubs. Ich füge hinzu, daß ein Hot-Club, der - stark oder weniger stark - darauf bestehen wird, den Bebop zu propagieren, aus unserem Verband ausgeschlossen werden sollte. (La Revue du Jazz, November 1949)

Frage: Was also soll man vom Bebop halten?

Antwort: Er ist eine völlig legitime und in mancher Hinsicht sogar wichtige musikalische Entwicklung. (Bulletin Panassié, Oktober 1947)

Frage: Was weiter?

Antwort: Der Bebop wendet sich von den wesentlichen Elementen der schwarzen Tradition des Jazz ab. (Revue du Jazz, Okt. 1949)

Frage: Worin also ist dieser Stil kritisierbar?

Antwort: Im weiteren Sinn selbstverständlich ist dieser Stil nicht kritisierbar, weil er ein logisches Resultat ist: In rhythmischer Hinsicht bringt er in den Jazz eine neue Schlagtechnik, eine Schlagtechnik, wie sie seit 1940 in verschiedenen Orchesterinterpretationen wie denen von Count Basie zum Ausdruck kommt oder bei Solisten wie Lionel Hampton. (Bulletin Panassié, Nr. 3, Oktober 1947)

Frage: Was ist der Bebop?

Antwort: Der Bebop ist ein Irrtum, und das ist schon alles. (Louis Armstrong, zitiert von der „Revue du Jazz", Oktober 1949)

Frage: Was halten Seine Heiligkeit persönlich davon?

Antwort: Persönlich halte ich von der Rebop-Frage folgendes: Eine völlig legitime und in mancher Hinsicht sogar wichtige musikalische Entwicklung. (Bulletin Panassié, Nr. 3., Oktober 1947)

Frage: Was raten Seine Heiligkeit den Jazzamateuren?

Antwort: Die Amateure sollen aufhören, Bop zu hören oder sie werden sich die Ohren kaputtmachen und die Lust am Jazz und ihr Jazzverständnis verlieren. (Revue du Jazz, Oktober 1949)

Frage: Was taugt strenggenommen der Bebop?

Antwort: Wie die anderen Stile, wie alle Musik taugt der Rebop soviel wie die Musiker taugen, die ihn kreieren und spielen. (Vorwort zum Album Don Byas, Blue Star-Edition.)

Frage: Was taugen die Musiker, die ihn kreieren und spielen?

Antwort: Wir sind doch nicht so töricht zu behaupten, daß alle Boppers schlechte Musiker sind. Wir halten im Gegenteil bestimmte Musiker wie Charlie Parker, Thelonius Monk, Bud Powell, J.J.Johnson, Gillespie, Howard Mc Ghee, Fats Navarro, Miles Davis, Kenny Clarke, Max Roach für sehr talentiert. Wir sagen nur, daß sie sich auf einen Weg eingelassen haben, der nicht der des wahren Jazz ist. (Revue du Jazz, Oktober 1949)

Frage: Der Bebop ist also kein Jazz?

Antwort: Der Saxophonist Charlie Parker, der Trompeter Howard Mc Ghee, der Pianist Bud Powell haben oft Jazz ersten Ranges in dieser neuen Verpackung zu spielen verstanden. (Paris-Presse, 22. 2. 1948)

Frage: Der Bop ist also wahrer Jazz?

Antwort: Man möge sich mit Bop abgeben soviel man will, doch man soll nicht gleichzeitig behaupten, Verteidiger des wahren Jazz zu sein. (Revue du Jazz, Oktober 1949)

Frage: Was hat der Bebop gebracht?

Antwort: Dieser neue Stil ist wegen seines Abwechslungsreichtums bemerkenswert, seine rhythmische Unvorhersehbarkeit. In harmonischer Hinsicht gehen die Musiker fortwährend von der Tonalität des Stücks ab, über das sie improvisieren. Aber das Verfahren besteht nicht aus sich selbst, es ist weder lobens-, noch tadelnswert: es taugt soviel, wie die Musiker taugen, die es anwenden. (Paris-Presse, 22. 2. 1948)

Frage: Ist Jazz dekadent?

Antwort: Die Jazzmusik erneuert sich ständig, ist mehr als lebendig trotz den pessimistischen Voraussagungen verdrießlicher Geister (ebenda).

Frage: Was passiert mit denen, die Bop hören werden?

Antwort: Die Lust an der Musik und die Lust am Leben wird ihnen vermiest werden. (Revue du Jazz, Oktober 1949)

Frage: Soll man tolerant sein?

Antwort: Es wäre gut, wenn diese absurden Streitereien zwischen Verfechtern des alten Jazz und Verfechtern des modernen Jazz aufhören würden. Ich verlange ja nicht von jedem, sich Orchester oder Platten anzuhören, die ihm mißfallen, obwohl es zuweilen wünschenswert wäre, weil es für Vieles ungeahnte Horizonte öffnen würde. Ich möchte nur, daß man nicht Formen des Jazz verdammt, deren Schönheit man nicht spürt. (Jazz-Hot, Nr. 9, Oktober 1946)

Frage: Darf man Bebop spielen oder notfalls mitanhören?

Antwort: Ich habe festgestellt, daß bestimmte Leute unter dem eitlen Vorwand einer „toleranten" Geistesauffassung den Boppers einen Platz im Herzen des Jazz einräumten ... Neulinge, wenn sie derartiges Zeug lesen oder hören, gewöhnen sich daran, den Bop für Jazz zu halten. (Revue du Jazz, November 1949)

Frage: Ist der Bop Jazz?

Antwort: Es ist die neueste Form von Jazz. (La Bataille, 30. 7. 1947)

Frage: Was kann man zu Leuten sagen, die den Bebop nicht mögen?

Antwort: Ich bin nicht darauf aus, irgendwen daran zu hindern, nur alte Plattenaufnahmen im New-Orleans-Stil zu hören, wenn ihm das gut dünkt. Ich werde nur diesen Leuten einfach sagen, daß sie sich großer musikalischer Genüsse berauben, die ihnen zweifellos der moderne Jazz bereiten würde, wenn sie ihn zu hören, genauer sich für ihn zu interessieren geruhten. (Jazz-Hot, Oktober 1946)

Frage: Was halten die Musiker vom Bebop?

Antwort: (Anmerkung der Exegeten: Das sicherste Vorgehen ist hier, sich an amerikanische Zeitschriften zu halten. Einige der vom Heiligen Vater genannten Musiker sind tatsächlich gegen den Bebop.)

Frage: Welches Gewicht kann man der Meinung von Musikern beimessen?

Antwort: Man kann den Meinungen bestimmter Musiker nur beipflichten, aber man verfällt dann in Willkür, denn nichts beweist, daß es gerade diese Musiker sind, die den rechten Weg gehen. (Jazz-Hot, April 1946)

Anmerkung der Exegeten: Der Gebrauch dieser äußerst alten Texte (1946) ist gefährlich und könnte für blasphemisch gehalten werden.

Frage: Muß man a priori gegen den Bebop sein?

Antwort: Wir sind keineswegs a priori gegen den Bebop. Ganz wie Bennie Carter lieben wir ihn, wenn es swingt und wenn es eine Melodie ergibt. (Bulletin des Hot-Club de France, Nr. 3, Mai-Juni 1948)

Frage: Ist es erlaubt, seine Meinung zu ändern?

Antwort: Es ist erlaubt, seine Meinung zu ändern. Aber wenn diese Meinungsänderung aufrichtig ist, erfolgt sie nach und nach, und man verbirgt es nicht wie eine schamhafte Angelegenheit. (Revue du Jazz, November 1949)

Frage: Ist der Bebop mit Tanz vereinbar?

Antwort: Dieser Stil unterscheidet sich vor allem durch einen ständigen Kontrast zwischen den vier gewöhnlichen Takten vom Jazz und den geschlagenen Rhythmen, die an die Tanzschritte der großen schwarzen amerikanischen Tänzer erinnern. (Vorwort zum Album Don Byas)

Frage: Haben die Bop-Orchester in den Tanzpalästen der Schwarzen gespielt?

Antwort: Das „Savoy" in Harlem hat ein- oder zweimal versucht, ein Bop-Orchester zu engagieren. Der Effekt ist schlagend gewesen: Nicht ein Tänzer mehr auf dem Parkett. (Revue du Jazz, Oktober 1949)

Frage: Auf was muß man diese Flucht der Tänzer zurückführen?

Antwort: Ein rhythmischer Einschnitt ist nötig, der swingt, damit ein Schwarzer Lust zu tanzen hat. (Revue du Jazz, Oktober 1949)

Frage: Der Bop swingt also nicht?

Antwort: Charlie Parker demonstriert hier (in Bird's nest-Cool Blues) gut, was Bop ist. Die Funde sind beträchtlich und der swing beachtlich ... (Bulletin des Hot-Club de France, März oder April 1948)

Frage: Charlie Parker ist also kein Bebop-Musiker?

Antwort: Er ist einer der Erfinder des Bebop. (La Revue du Jazz, Februar 1949)

Frage: Hat er swing?

Antwort: Er hat viele Einfälle und swing (ebendar).

Frage: Was ist vom Bop-Sextett Howard Mc Ghees zu halten?

Antwort: Was ich bei diesem Orchester besonders geschätzt habe, sind die mit viel swing ausgeführten Ensembles. Ich habe besonders die Interpretation des Arrangements von Charlie Parker über „Indiana" geliebt, die außerordentlich tänzerisch ist. (Bulletin des Hot-Club de France, Nr. 3, Mai-Juni 1948)

Frage: Was ist von Gillespie zu halten?

Antwort: Die Grammophon bringt zwei Scheiben des großen Orchesters von Gillespie heraus. (...) Die Ensambles haben sicheren Einsatz und swing, aber der ist nicht gerade zum Hochgehen (ebenda).

Frage: Gibt es also dennoch swing im Bebop?

Antwort: Der Bop weicht von der Tradition des Jazz ab (...), vernachlässigt den swing. (La Revue du Jazz, Oktober 1949)

Frage: Was ist von Miles Davis zu halten?

Antwort: Das ist ein außerordentlich begabter Trompeter, der das Zeug zu einem großen Jazzmusiker hat. (La Revue du Jazz, April 1949)

Frage: Was ist des weiteren noch von Parker zu halten?

Antwort: Nicht umsonst hat Parker in einem auf Blues spezialisierten Orchester gespielt, dem von Jay Mc Shann. Er hat dort gelernt, von den ewigen Quellen des Jazz zu schöpfen. (Revue du Jazz, Juni-Juli 1949)

Frage: Ist er ein König des Jazz?

Antwort: (Anmerkung der Exegeten: Hugues I. antwortet nicht speziell auf diese Frage, aber er hat über Parker einen Artikel unter der Überschrift „Die Könige des Jazz" publiziert, in Nr. 2 der Revue du Jazz. Man kann also annehmen, daß Charlie Parker wohl ein König des Jazz ist.)

Frage: Was ist des weiteren von Gillespie zu halten?

Antwort: Gillespie ist ein talentierter Musiker. (Bulletin Panassié, Nr. 3, Oktober 1947)

Frage: Kann man sagen: Louis Armstrong ist talentierter als Gillespie?

Antwort: Die im gleichen Atemzug Louis Armstrong und Gillespie nennen, sind Ignoranten. (Revue du Jazz, Oktober 1949)

Frage: Muß man den Bebop bekämpfen?

Antwort: Die den Bop rühmen, sind Reaktionäre der Musik (ebenda).

Frage: Muß man den Bebop bekämpfen?

Antwort: Ohne Frage fehlt es Delaunay an Vorstellungskraft, da er kein anderes Schlachtroß findet, als so zu tun, er glaube, ich bekämpfe den Bebop ... (Bulletin des Hot-Club de France, Nr. 1, 1947)

Schlußfolgerung.

Durchdrungen von der Offenbarung, die wir von der Analyse von Texten erhoffen, haben wir versucht, das Wesen des Sakrosankten Worts Seiner Heiligkeit hervorzuheben. Ohne aus den Augen zu verlieren, daß wir Falsche Propheten des Jazz zum Irrtum neigen, glauben wir also das Wesentliche der Botschaften des Heiligen Vaters zusammenfassen zu können (das wird nur eine weitere Bulle nach sich ziehen):

Der Bebop ist kein Jazz. Der Rebop ist es. In dem, was kurz der Bop ist, bleibt die Frage offen, und man sollte zweifellos ein Ökumenisches Konzil abhalten, um diesen Gordischen Knoten zu durchhauen, der Gefahr läuft, auf dem starren Weg des Glaubens ein Hindernis zu sein. Charlie Parker ist ein großer Musiker, aber seine Musik ist abscheulich. Gillespie hat Talent, aber was ist Talent? Was den Heiligen Vater anbelangt, so ist er die Toleranz in Person, aber wenn Sie jemals das Pech haben sollten, eine verminderte Quinte auf Ihrem Klapphorn zu spielen, und wäre es auch die des kleinen Vetters von King Oliver, dann scheinen Sie Chancen zu haben, in Ewigkeit in der Hölle zu schmoren.

Aus dem Vorangehenden und nach Konsultation von vier Experten in kanonischem Recht, ist einmal mehr evident, daß Hugues I. recht hat.

Gezeichnet: die Falschen Propheten des Jazz.
Charles Delaunay
André Hodeir
Boris Vian.

(1950)

★

HOT LIPS PAGE IN BELGIEN

Eins könnte man dem Direktor des Kasinos von Knokke, Monsieur Nellens, und seinem Mitarbeiterstab von Jef de Vlièger bis zu Louis Govaerts und nicht zu vergessen, gelegentlich, Félix Labisse nicht vorwerfen: daß sie kleinlich sind. Sie sind großzügig gewesen diesen Sommer und sie haben recht darin getan; der Erfolg rechtfertigte ihre Mühen, was nicht mehr als gerecht war.

Beim totalen Umbau des zum Kasino gehörenden Clubs sind diese zahlreichen Gewölbe, ohne die ein Keller keiner ist, geschaffen, eine neue Inneneinrichtung ersonnen, die raffinierten Scheinwerfer und die Tanzpodien vermehrt, mittendrin eine nach zwei Seiten offene Bühne ohne Hintergrund errichtet und hinten im Saal eine Bar installiert worden, an der fünfzig harte Trinker mit ihren Stuten Platz nehmen können.

Und dann ist man auf die Idee verfallen, daß Leute auf der Bühne und Leute im Saal sitzen sollten; die List bestand darin, die ersten so auszuwählen, daß die andern automatisch kamen. Und die Wahl war listig, wie das Ergebnis zeigte.

André Reweliotty und seiner Mimosa Jazzband blieb es vorbehalten, die Bevölkerung von Knokke und Zoute zum Tanzen zu bringen. Der Name „New Orleans", den man dem neuen Etablissement gab, rechtfertigte und begründete diese Wahl. Da zu jedem dieses Namens würdigen Orchester ein krönender Star gehört, heuerte man aus den Vereinigten Staaten Hot Lips Page und seine Trompete an. Und um für Abwechslung zu sorgen, ließ man diese Formation mit Bernard Peiffer am Klavier alternieren, der für eine Weile von Django Reinhardt begleitet wurde - oder umgekehrt; was denn sonst!

Zu allem Überfluß sicherten Pol Clark und seine Formation die zweite Lösung noch ab. Und da man es sowohl Augen als auch Ohren rechtmachen muß, wurde das ganze durch eine Gruppe von Tänzern aus Saint-Germain-des-Prés abgerundet.

Wir kommen nicht noch einmal auf die verschiedenen und großartigen Verdienste von Reweliotty und Peiffer zu sprechen; nur schnell sei gesagt, daß sie jeder in seiner Art überraschten; außerdem kennen sie alle Pariser gut. Was „Lips" anbelangt, so haben wir ihn seit mehreren Monaten nicht mehr gehört; sein Stil ist nicht schwächer geworden, im Gegenteil. Lips ist zudem ein exzellenter Showman, was nichts schadet; er singt mit Humor und Ausdrucksvermögen sein Lieblingsrepertoire. Er verfährt sehr gut mit dem Orchester Reweliotty, jeder adaptiert seinen Stil zum Besten des Zusammenspiels. Er hat immer etwas Punch und etwas Wucht; eine Trompete, die man mit solcher Vehemenz spielen kann, klingt angenehm; und zugeben muß man, daß die Wucht von Louis, Roy, Dizzy und Lips speziell zu diesem grellen Instrument paßt, besser zweifellos als die geschmackvollen Häkeltöne bestimmter Trompeten der modernen Richtung. Außerdem ist es unnötig, sich lange über den Stil von Lips auszulassen, denn er ist in Paris; es stimmt, einmal mehr werden die Provinzler hier nicht auf ihre Rechnung kommen; aber sie würden mehr lernen beim Hören seiner Platten als bei der Lektüre sogar weniger schlechter Artikel als diesem hier ...

(September 1951)

★

BABS GONZALES

Ein Klassebesucher in Paris: der Sänger „Babs" Gonzales, dessen Platten in den Vereinigten Staaten seit ihrem Erscheinen einen beträchtlichen Erfolg zu verbuchen haben.

★

Babs ist am 27. Oktober 1919 in Newark, New Jersey, geboren. Er besuchte die örtliche Hochschule der Schönen Künste, gemeinsam mit Ike Quebec, Rudy Williams und der berühmten Sarah Vaughan. In der Schule lernte er Klavierspielen; dann hat er sich aufs Schlagzeug verlegt und setzt sich nur noch ans Klavier, um zu komponieren und bei Gelegenheit von Jam Sessions. Nach seinem Abgang mit Diplom 1939 arbeitete er zwei Jahre lang in der Umgegend von Newark und spielte besonders mit Dizzy, Roy und Joe Guy bis 1941, das Jahr, in dem er sich der Band von Charlie Barnet anschloß. Dort traf er auf Lena Horne. Er blieb sechs Monate bei diesem Orchester, das er in Hollywood verließ. Dort nahm er verschiedene Engagements an, mit einer Formation von vier Sängerinnen, die er auf dem Klavier begleitete; dann löste er seine Gruppe auf und begann bei Benny Carter zu singen. Er blieb dort fast acht Monate und beschloß dann, nach New York zu gehen.

1944 und 1954 sang er in der Gegend der 52. Straße und zwischen zwei Engagenents arrangierte er für Hampton, Barnet, May McKinley und verschiedene Vokalgruppen.

Im September 1946 tritt er im „Minton" auf mit einem Vokal- und Instrumentalquartett, das aus Bud Powell, Rudy Williams, Art Phipps (Baß) und ihm selbst am Schlagzeug besteht. Zunächst für vier Wochen engagiert, bleiben sie dort fünf Monate. Von dieser Zeit an gibt es die Gruppe *Three Bips and a Bop*, unter deren Namen er Platten mit Tedd Dameron an Stelle von Bud einspielt. Für Blue Note produzieren sie *Op-Bop-a- da* und *Lop-pow*, sowie zehn weitere Scheiben.

Vom „Minton" gehen sie zum „Three Deuce", zum „Onyx" und auf Tournee; sie durchqueren Amerika, Canada und treten in Sälen und in Clubs auf. Sie machen Platten für Apollo, Manor, Haven und Capitol. Im Februar und im März 1950 dirigiert Babs eine Formation, die den Namen „Jazz from Carnegie Hall" hat, bestehend aus Babs, Bud Powell, Thelonius Monk, Lucky Thompson und Sonny Rollins (Tenorsaxophon), Bennie Harris (Trompete), Benny Green (Posaune), Oscar Pettiford (Baß und Violoncello) und Roy Haynes (Schlagzeug). Konzerte in neunzehn Städten, Riesenerfolg, dann Tournee nach Europa ... wo er jetzt ist. Wir wünschen ihn bald zu sehen und zu hören!

(September 1951)

★

CHARLIE SHAVERS

Charles James Shavers wurde am 2. August 1917 - im gleichen Jahr wie King Cole - in New York geboren und begann auf dem Banjo zu spielen, ehe er im Selbstunterricht Trompete lernte, wie es im „Esquire Jazz Book“ von 1944 heißt. Seine ersten Auftritte als Berufstrompeter absolvierte er 1935. 1936 spielte er mit der Blue Rhythm Band, 1937-43 mit John Kirby, und inzwischen machte er mit etwa einem Dutzend Musiker Plattenaufnahmen. Er hatte sogar eine Zeitlang sein Quintett, das einige Titel für eine gewisse Firma Vogue aufnahm (nicht mit der französischen Vogue zu verwechseln), die für ganz kurze Zeit in Amerika eine Rolle spielte.

Er ist fünf Jahre jünger als Eldridge, genauso alt wie Dizzy, der auch 1917 geboren ist (ein guter Jahrgang für die Trompete). Shavers ist also ein Musiker, dessen Stil sich mehr dem Einfluß von Roy und Rex als dem von Louis unterwarf, und das tut man mit umso mehr Gewißheit, als es auch umgekehrt der Fall ist; wenn das die Herren vorausgesehen hätten, fänden sie ihn nun weniger dämlich. Kurz, Shavers hat Stil. Und in Frankreich ist er kaum bekannt. Umsomehr Gründe gibt es, darüber langsam etwas zu sagen.

Kaum bekannt, und das ist schade: denn er kann viel mehr als das, was er neben Bechet in *I 'm comin' Virginia* und *Georgia Cabin* macht. Immerhin sind diese beiden Titel ein guter Anfang. Ich hab sie nicht zur Hand, doch ich erinnere mich, daß Shavers hier Bechet zu parodieren scheint - entweder freiwillig oder gar angesteckt vom Einfluß des Altmeisters? Kurz, er eignet sich auf der Trompete die Beweglichkeit und das Feuer des Sopransaxophons an. Das zeigt uns bereits zwei Qualitäten: gute Technik und Flüssigkeit. Beeinflußbarkeit: wäre das ein Fehler? Das heißt, würde ihm dann Persönlichkeit fehlen?

Wenn man Musikern gegenüber, die ihn kennen, Shavers erwähnt, loben sie einhellig seine gewaltige Technik, das steht fest. Dennoch ist er nicht „arriviert“, er ist nicht das Oberhaupt einer Schule geworden, wie Louis, Roy, Dizzy, Miles. Das bestätigt denselben Mangel an Persönlichkeit, der auch Jonah Jones einen Trompeter zweiten Ranges sein läßt ...

Gut, doch wenn er beeinflussbar ist, beweist es zumindestens, daß er denen zuhört, die mit ihm spielen. Gehör hat er. Weiter.

Laguna Leap (mit Herbie Haymer, Swing-Schallplatte Sw 347).

Was ist damit? Eine Exposition in Übereinstimmung mit allem, was bopmäßig ist? Und ein Chorus mit den deutlichen Spuren von dem, was Sie beim Spiel von Dizzy gehört haben?

Mit einem Wort, wenn er fähig ist, einerseits wie Bechet zu spielen und andererseits wie hier, dann weil er sich keinen Deut darum schert, dieser Shavers.

Ach, Shavers Charlie, das kommt davon, weil Sie ein Berufsmusiker sind. Es geht, es geht, bohren Sie nicht weiter. Man wird Sie dennoch erwischen. Schon gut, hier gehen Sie nur Ihrem Metier nach - und machen sich über den Rest lustig ... und deshalb spielen Sie eben wie der oder jener. Wenn es auch noch so sehr eine Art von Zitat ist, den Stil von irgendjemand zu zitieren. Sie besitzen Humor - nicht den *echten*, geläufigen Humor, sondern den nuancierten, guten Humor der Pataphysik. Doch auf der Rückseite geben Sie sich locker und entspannt, in *Black Market Stuff*. Was bedeutet diese jähe Übertreibung? Ein großartiger brillanter Ton von Weitläufigkeit? Das, Shavers, sind *Sie*.

Auch Sie gehen mehr vom Gefühl aus als vom Intellekt. Sie ziehen dem Cognac Rum vor, lieben mehr Fleisch und Früchte als Gemüse und Kuchen, und ich würde sogar sagen, um die Schwierigkeit noch pikanter zu machen, daß Ihnen Reis besser schmeckt als Nudeln - oder diese dann nicht zu weich gekocht.

Sie spielen oft oberflächlich, weil es sich um ein Engagement bei anderen handelt. Aber sie bespielten unter eigenem Namen, ich erwähnte es bereits, diese beiden Vogue-Platten in einer durchsichtigen Plastikhülle; mit vor Vulgarität strotzenden Zeichnungen illustriert. Unter Ihrem Namen; demnach werden Sie dafür verantwortlich sein.

Serenade to a pair of nylons (R 755). Da haben wir Ihr Konterfei auf der Plattenhülle - lustiges Gesicht, markante Backenknochen, fleischige Nase und Mund, auffällige, aber gut angeklebte Ohren. Ihr Quintett, Shavers.

Hier exponieren Sie, wie vernagelt, mit Buddy De Franco das Thema. Ein Solo-Zwischenspiel. Ein ziemlich prononciertes und gedehntes Vibrato. Nein, nein, Buddy spielt nicht schlecht. Nicht zu verachten. Und die Rhythmusgruppe, auf 4/4 getrimmt, wirkt leicht und gut.

Munteres Einfallen von Shavers in spanischer Aufmachung. Tusch. Henry Allen hat hier einiges aufzuholen. Aber auch Sie,

Shavers, tauten tüchtig auf und zerbeißen gleichsam Ihr Mundstück. Hier ist das Wort „lyrisch" angebracht.

Shavers - wenn ich mich nicht sehr irre - sind Sie kein Päderast. Aber - wenn ich mich nicht ebenfalls sehr irre - sind Sie Ihrer Julie nicht treu.

Broadjump, auf der Rückseite, spult in einem Mords-Tempo ab. Indessen, Shavers, fragen Sie nicht weiter, ein Bopper werden Sie nie werden (wie Dizzy - aber Dizzy hat das wettgemacht, als er sich mit einer Intellektuellen vermählte). Geprägt sind Sie von der Vorkriegszeit. 1937 wurden Sie zwanzig Jahre alt.

Doch was für eine herrliche Puste, was für ein toller Einsatz, was für eine Fingerfertigkeit. Und eine mehr als sympathische Artikulation. Eine Spur von Wahnsinn. Nicht gerade viel Kontinuität in der Phrasierung. Die spätere Phase gehört Jonah Jones. Ach, ist das Ihr Schluß? ... Rex Stewart hat das gespielt ... Stakkatospiel im dreitaktigen Zungenschlag, denke ich, Shavers. Sie haben unrecht, oder Sie machen sich noch immer lustig. Können Sie nicht drei Minuten mal ernsthaft bleiben?

Vogue R 756. *If I had you.* Ein hübsches Lied ist das. Shavers. Erkennen Sie es nicht schon auf der Abbildung? Man könnte sagen, ein Umschlag für *unser Herz.* Voll Gefühl, Shavers. Eine so zarte Modulation hier ... ja ... genau wie Lawrence Brown. Heda! Ein empfindsames Tempo ist zuweilen nicht schlecht, wenn einem das Herz übergeht und voller „Temperament" ist.

Mal ehrlich, Shavers, hat Sie das nicht langweilen müssen, so mit Bechet zu spielen? Buddy bringt auch hier wunderbare Sachen zustande. Im Befreien fangen Sie wieder von neuem an - Feuer - eine unterdrückte Note - Rex ist euer Mann, ich sage es Ihnen. Das schöne Finale ist klar und glänzend.

Musicomania auf der Rückseite. Der Einsatz nach Art von Count Basie; euer Pianist spielt gut, Shavers. Ist es John Potaker? Kenne ich nicht. Alvin Stoller am Schlagzeug spielt wirkungsvoll und sauber, auch Sidney Block am Baß. Weiter, Shavers. Gut. Diese kleine Steigerung C, E, G, C, E, G, C ist meisterhaft. Und diese kraftvoll angeschlagenen Töne, das kann nicht jeder. Nein. Das ist eben ihr Stil. Die Leichtigkeit.

Shavers, Ihr Fall liegt klar. Sie spielen ausgezeichnet. Aber Ihre größere Leidenschaft ist das Leben, nicht die Musik; das heißt mit anderen Worten, daß mehr der Musik insgesamt Ihre Leidenschaft gilt, als speziell der Trompete. Man wird Ihnen zweifellos sagen,

Charlie, daß Sie es oft an Geschmack fehlen lassen. Irgendein unterernährter Intellektueller wird Ihnen das vorwerfen. Aber Sie wissen, auch Balzac. Wenn mit diesem Mangel an Geschmack eine bestimmte Wucht einhergeht, wird er ein Stil. Sie hätten viel höher hinauf gelangen können. Sie sind eben ein wenig zu früh auf die Welt gekommen - sie haben nicht begriffen, daß sein muß, was sein muß - oder lag es an Ihrer Erziehung? Nach alledem hatten Sie es vielleicht schwer, Shavers zu werden? Man sagt, geboren am soundsovielten ... 1917 ... doch wie geboren? Oft leidet man, und das steht nicht auf dem Papier. Persönlich, Shavers, bin ich einer Ihrer Anhänger. Sie sind fähig, es sehr gut zu machen. Sie lassen sich vom rechten Fieber packen. Aber Sie glauben nicht immer daran, weil es draußen so schön ist, daß es ja dumm wäre, sich abzumühen und so viel angenehmer, sich in den Wäldern oder in Bars herumzutreiben. Mit einem guten Gewissenslenker hätten Sie es zu einem großen Shavers gebracht. Bei Duke, zum Beispiel. Auf Wiedersehen, Shavers. Ich werde Sie im „Jazz at the Philharmonic" anhören kommen, und Sie werden wahrscheinlich dennoch einen Haufen Blödsinn spielen, der Sie im Innern zum Lachen bringen und der mir peinlich sein wird - aber nicht allzusehr, weil sie mir sehr sympathisch sind ... und dann diese Idee, sich Spanisch zu geben ... Das ist billig ... aber es ist lustig.

(März 1953)

★

BERNARD PEIFFER: PRIX DU DISQUE 1953

Alle Länder, in denen sich Jazz entwickelt hat, der an den Anfängen der Musik von Armstrong, Henderson, Ellington und anderen unangefochtenen Meistern orientiert ist, legen einen unzweifelhaften chauvinistischen Charakter an den Tag. Italien behauptet steif und fest, daß der größte europäische Spezialist welches Instrumentes auch immer, ein Italiener ist; für England ist es ein Engländer; für Frankreich ein Franzose, und weder Belgien noch Schweden lassen sich in diesem Unisono von Alleinvertretungsansprüchen in den Schatten drängen. In Wahrheit hütet man sich, zu genau nachzuforschen: unverfroren wird erwidert, daß Jules Dupont vom „Hot-Club de Trouffigny" den Rang eines Lester Young hat, so steht es im „Bulletin du Hot-Club de Trouffigny". Auf der „Jazz-Hot" - Rangliste ist man weniger dreist - und auf der internationalen Rangliste mischt man sich klugerweise gar nicht erst ein. Für die Konzerte, für die Werbung, macht man das wieder wett: und wer die Unwissenheit von 99 % der Journalisten kennt, den erstaunt es nicht, wenn Luters Spiel zuweilen dem von Ellington, „dem schwarzen König der Bop-Klarinette", gleichgestellt wird.

Ein Chauvinismus ohne große Bedeutung, der jedoch mit der Zeit jede Wertskala vollständig verfälscht, wenn man überhaupt davon träumen kann, je eine ideale zu erstellen. Wenn man sich einmal klar vor Augen hält, von was die Rede ist, kommt man nicht umhin festzustellen, daß in Wahrheit nur sehr wenig Musiker, in den Vereinigten Staaten wie überall, internationale Geltung erreichen, auf die mit voller Sicherheit ein Tatum, ein Armstrong oder ein Parker Anspruch erheben können.

Unglücklicherweise sehe ich nicht überall ein Genie, was mich vieler Befriedigungen beraubt. Unglücklicherweise glaube ich, wie noch einige andere, daß Heifetz, wenn er nicht im Alter von 3-7 Jahren eine ungeheure Arbeit geleistet hätte, einfach nicht Heifetz wäre. Ich leugne nicht, daß man talentiert sein kann: aber ohne Arbeit, ohne intelligente und gezielte Aneignung der Technik seines Berufs gibt es kein Genie - denn gerade darin besteht es größtenteils, glaube ich.

Wenn man mich also auffordern würde, alle Kumpaneien und Freundschaftsdienste beiseite lassend, offen zu sagen, welchen Jazzmusikern in Frankreich ich das internationale Brevet erteilen würde, nun ja, dann würde meine Liste auf höchstens drei Namen zusammenschrumpfen. Ich dächte zwei, aber ich beeile mich anzumerken, daß Zacharias, wenn er täglich vier Stunden hart arbeiten würde, vielleicht ein bedeutender Posaunist sein könnte, und ich füge hinzu - er hat das Zeug dazu. Auf meiner Liste wären also, von ihm abgesehen, zwei Namen: Django (dazu kein weiterer Kommentar) und Peiffer.

Ich sagte, alle Kumpanei oder sonstwas beiseite; es trifft zu, daß ich Zaza, Django und Bernard sehr liebe. Aber von richtiger Freundschaft kann bei uns nicht die Rede sein: wir sehen uns viel zu selten.

Um auf Bernard Peiffer zurückzukommen - denn er ist der Anlaß zu diesen Überlegungen gewesen - ich freue mich, daß er den Grand Prix du Disque erhält: wenn Preise einen Sinn haben, dann hat dieser den Richtigen getroffen. Peiffer ist sicherlich zur Zeit der beste Pianist bei uns. Zuallererst ist er angemessen verrückt. Sodann ist er von Zeit zu Zeit ein Langweiler; er hat einen schmutzigen Charakter und er ist launig wie ein Barometer. Drittens hat er eine schon verblüffende Technik. Viertens experimentiert er und fünftens arbeitet er.

Die beiden ersten, rein privaten Eigenschaften können wir beiseite lassen. Die Punkte drei, vier und fünf erscheinen mir als das Wesentliche.

Ich habe den Eindruck, daß Peiffer viel weiter gehen kann als sein Grand Prix du Disque. Daß es so lange gedauert hat, muß gewiß bei seiner Stilrichtung als ein gutes Zeichen bewertet werden. Was ich aber möchte, ist, daß Barclay, der mir nahegelegt hat, diesen Artikel zu verfassen (ich habe nichts zu verbergen, das wissen Sie), eines Tages zu Peiffer sagt: hier sind 250000 Francs, geh für zwei Monate aufs Land und schreib mir ein Konzert. Vielleicht würde Peiffer ein drittes mal ein überwältigendes Konzert schreiben. (Barclay, vermute ich, wird von mir keine Artikel mehr haben wollen.)

Aber man muß ihm helfen. Muß ihn noch ein bißchen weiter ausbilden. Es ist nötig, daß er an sich allein weiter arbeitet und daß er mit anderen zusammen übt. Es ist nötig, daß Peiffer für uns weitere Grands Prix du Disque gewinnt, um uns zum Tanzen zu bringen, und daß er auch für sich selber was macht. Damit es uns nicht zu Kopf steigt. Ach, streiten wir uns nicht; es ist eine Frage von Arbeit und Eingebung. Letzteres, glaube ich, hat er. Nun, Grand Prix du Disque, wann wirst du mit Geld verbunden sein? Ein Monat Praktikum neben dem Meister deiner Wahl und ein Arbeitsstipendium ...

Ich spreche nur von Arbeit. Das ist gewiß langweilig, aber sie ist das ein und alles. Das Gehirn ist das einzige Organ, das sich bis zum Tod entwickeln kann. Nutzen wir das aus, Freunde. Und wir, die geliebten Zuhörer, begießen wir fröhlich den Prix du Disque von Bernard Peiffer, dem französischen Jazzpianisten von internationalem Format, von dem wir noch mehr erwarten (ich sage nicht „Besseres", denn Sie wissen, daß ich nichtsdestoweniger den Jazz *genug* liebe ...).

(Mai 1953)

★

GRUSS FÜR BILLIE HOLIDAY

Endlich kommt Billie Holiday nach Frankreich. Man erwartet Sie seit soviel Jahren, daß das nicht mehr wahr zu sein scheint - man es nicht mehr glauben mag ... glücklicherweise haben diese Jahre ihr Talent kein bißchen beeinträchtigt; es verbindet sie mit den guten Weinen, daß es womöglich noch besser geworden ist. Lediglich scheint sich ihr Aussehen leicht verändert zu haben und jetzt etwas angenehm Molliges aufzuweisen, was auf den Fotos der jungen Billie von 37 oder 38 nicht zu sehen ist. Weiß Gott ist das kein Grund, der unser Mißfallen erregen muß, das Mißfallen von uns anderen französischen Fans - und Billie ist noch weit von der Körperfülle der Peter Sisters entfernt, an der gleichwohl niemand bei uns Anstoß genommen hat (sie haben sogar Ehemänner gefunden).

Entweder liebt man die Stimme von Billie Holiday oder man liebt sie nicht, doch wenn man sie liebt, ist es wie Gift. Das ist keine Sängerin, die einen sofort umhaut und einen unvergleichlichen Chok versetzt, den man so schnell nicht vergißt. Die Stimme von Billie, eine Art aufsaugender Filter, *befremdet* beim ersten Hören. Eine herausfordernde Katzenstimme, gewagte Modulationen, sie überrascht durch ihre Beweglichkeit, ihre tierische Geschmeidigkeit - eine Katze mit eingezogenen Krallen, mit halbgeschlossenen Augen - oder um einen noch viel passenderen Vergleich zu machen: eine Tintenschnecke. Billie singt wie eine Tintenschnecke. Sie ist zunächst nicht immer fesselnd; doch wenn sie sich bei Ihnen festhakt, hakt sie sich mit allen acht Armen fest. Und sie läßt nicht mehr locker. (Übrigens gibt es kein schäkernderes und anschmiegsameres Tier als die Tintenschnecke, wie es die Filme des Tiefseetauchers Cousteau dokumentieren.)

Billie ist 38 Jahre alt. Das beste Alter. (Fragen Sie mich nicht warum; das Alter einer Frau ist halt immer das beste.) Sie hatte um 1933 ihr Debüt. Ich gebe Ihnen hier keine Biographie im Detail, die finden Sie in den einschlägigen Büchern. Sehr rasch nach ihren ersten Auftritten 1935 hat sie mit verschiedenen von Teddy Wilson dirigierten Orchestern Plattenaufnahmen gemacht. Die Zusammensetzung war unvergeßlich. Hören Sie nur einen ihrer vollendeteren Erfolge jener Epoche, dieses *What a little moonlight can do*, mit John Kirby am Baß, und dem überraschenden Klarinettenpart des alten

Dixielanders Benny Goodman. An die Adresse von Columbia: warum keine neue Pressung der ganzen Serie als Langspielplatte?

Faktisch ist sie vor langer Zeit in Frankreich bei Brunswick erschienen - aber wer besitzt heute die Rechte von Brunswick? Kurz, es gab da sehr gute Matritzen. Und Billie, mögen die Titel nun unter ihrem eigenen Namen oder dem von Teddy Wilson aufgenommen worden sein, sang mit Musikern wie Roy Eldridge, Ben Webster, Lester Young, Cozy Cole, Jo Jones, Dicky Wells, Buck Clayton. Und noch mit vielen anderen, ich übergehe die Namen. Auf ihren ersten Scheiben singt sie in einer ziemlich rhythmischen und skandierten Weise, und erst allmählich wird die Orchestersängerin zur Solistin; es ist damals der „Balladenton", der vielleicht dem Publikum nicht mehr gefällt, der aber ganz gewiß wunderbar dem dramatischen Temperament von Billie entspricht. Wie verfänglich indessen die Texte von zahlreichen ihrer Lieder auch sein mögen (man ärgere sich zum Beispiel nicht über *Ghost of yesterday*), immer ist in der Stimme von Billie der Pulsschlag des Jazz gegenwärtig. Billie ist vor allem eine Jazzsängerin, das sollte man nicht vergessen, sogar wenn sie *Strange Fruit* singt, eine Platte, auf der man die Trompete des tollen Altstars Frank Newton heraushört. Ihr wahrer Platz ist vor einer fähigen kleinen Formation - mit einem guten Schlagzeuger; sehen Sie sich die Liste der Schlagzeuger an, die sie begleitet haben; mit Ausnahme von ein oder zwei Platten, wo man den Norris Shawkers und anderen Cowans begegnet, handelt es sich um Cozy Cole, Jo Jones, Hal West, J.C. Heard, Kenny Clarke, Sid Catlett!

In musikalischer Hinsicht ist die Qualität der restlichen Orchesterbesetzung generell ziemlich außergewöhnlich auf fast allen diesen Einspielungen; und aus alldem geht hervor, daß fast allen Platten von Billie Holiday ein Klima gemeinsam ist, ein Klima, das zu guter Letzt ihren persönlichen Geschmack reflektieren muß.

Ziemlich müßig wäre es, den Vokalstil von Billie zu untersuchen - eine derartige Untersuchung stützt sich im allgemeinen auf einen Vergleich mit markanten, beim Leser als vertraut angenommenen Stimmen, aber mit Madame Day wird es nicht gehen: in Wahrheit ist sie mit keiner anderen Sängerin vergleichbar, selbst wenn ihre Stimme nur diesen so charakteristisch leicht „scheppernden" Klang hätte. Billie wird imitiert, aber sie imitiert nicht. Habe ich tatsächlich gesagt, man imitiert sie? Ich habe unrecht. In Wirklichkeit scheint das noch niemand riskiert zu haben. Es gibt in dieser Art zu singen etwas Ironisches - eine Ironie, die Dauer verleiht in Augenblicken des

Gefühls, die aus ihren Einspielungen alle sentimentalen und vulgären Elemente fernhält.

Wer könnte eine Banalität wie *No greater love* in solchem Ton singen? An sich platt, wird das Lied im Munde Billies provokant - und wenn die amerikanischen Kritiker gegenwärtig vor der „Sexualität" der Darbietungen der netten Eartha Kitt große Augen machen, vergessen sie, daß Billie schon vor ihr die Manier des Zweideutigen praktiziert hat - welche durch stimmliche und nicht verbale Mittel suggeriert wird. Man hat Billie Holiday ihrerseits den Vorwurf gemacht, „verfänglich" zu sein. Man fragt sich, inwiefern sie das gewesen ist; ebensosehr kann man Lester vorwerfen, eine von Hawkins abweichende Persönlichkeit zu haben; es ist wahr, daß 1934, einer Zeit, wo die Herrschaft der großen Bessie seit kurzem ihrem Ende entgegenging, der unerwartete Stil von Billie etwas ebenso Überraschendes wie der von Lester hatte - und nicht zufällig habe ich diesen Vergleich gewählt. Sie stach gegenüber der Masse der Sänger ebensosehr ab wie viel später Sarah Vaughan. Und das war sehr verdienstlich, umsomehr als Billie nie über die stimmlichen Mittel einer Sarah, Ella, einer Ivy Anderson verfügte. Aber sie verstand es, diesen Mangel durch eine scharfe Intelligenz ihrer Mittel, ein außergewöhnliches Jazz-Feeling und Originalität, zu beschönigen, die in jenen Zeiten des Plagiats, wo man einen Musiker nicht mehr von seinem Vetter oder Bruder unterscheiden konnte, ausreichte, daß sie unsere Huldigungen verdiente. Diese bringen wir ihr dar und versichern ihr, daß wir uns mit ungetrübter Freude darauf vorbereiten, sie in Fleisch, Blut und Stimme zu hören.

(Februar 1954)

★

CLYDE HART

Sein Name taucht in der umfassenden italienischen Enzyklopädie nicht auf; in den den Meistern, den Königen und den Heiligen des Jazz gewidmeten Werken gibt es kein Spezialkapitel über ihn; in der enzyklopädischen Diskographie Delaunays findet sich eine kleine achtzeilige Notiz, die folgendermaßen lautet: Geboren im Mittelwesten, ging Clyde Hart 1930 als Pianist des Orchesters Jap Allen von Oklahoma nach Kansas City; einige Jahre später gelangt er nach New York, wo er sich rasch einen guten Namen macht und mit den bekanntesten Musikern spielt. 1937 spielt er mit Stuff Smith im „Onyx-Club", dann mit Roy Eldridge (1939-40), Lucky Millinder, dem Sextett von John Kirby, und er nimmt eine große Zahl von Platten auf, vor allen Dingen mit Lionel Hampton. Viel zu früh starb Clyde Hart am 19. März 1945.

Clyde Hart ist ein „Sideman". Und für mich ist er der „unterschätzteste" der Begleiter. Es hat auch Jimmy Jones gegeben, doch Jimmy Jones steht im Begriff, aus seinem Schattendasein herauszutreten; während Clyde Hart, ein Musiker für Musiker, nie einem großen Publikum bekannt geworden ist; er schlummert in seinen eigenen vier Brettern, und für uns ist der Zug abgefahren.

Diskographische Recherchen sind nicht meine Stärke, und ich kümmere mich einen Dreck um irgendwelche Einspielungsdaten; von einer Schallplatte verlange ich, daß sie mich bewegt; ein egoistischer Standpunkt möglicherweise, aber Ihrer ist auch egoistisch, selbst wenn nur Ihre Gelehrsamkeit anstelle Ihres Herzens bewegt wird. Für mich besitzt Clyde Hart eine außergewöhnliche Ausstrahlung. Etwa die Aufnahme *Sorta Kinda*, die vor einigen Jahren in der Reihe „Royal Jazz" erschienen ist.

Clyde Hart ist wie der Frühling auf einem blühenden Gehweg, er ist die Sonne, die Luft ... es gibt sicher andere Möglichkeiten, das auszudrücken, aber huldigen wir nicht der Tongut-Jazzpoesie.

Er hat ein klares, zartes, luftiges Spiel, und er swingt. Er swingt merkwürdig. Man hat Earl Hines sehr bewundert, es ist sehr schwierig, Earl Hines nach Tatum zuzuhören - in technischer Hinsicht läßt einem das die Haare zu Berge stehen: hier und da gibt es einen Widerhaken; aber Clyde Hart kann man nach wem oder nach was auch immer hören, sowie man auch zu jedem Zeitpunkt guten Portwein trinken kann.

Ich erwähnte Earl Hines, weil Clyde Hart mich an Earl Hines denken läßt. Gleichviel warum - wegen des ungleichzeitigen Absetzens seiner Hände, wenn Sie wollen; wegen seines Synkopenstils. Sein Spiel erinnert in keiner Weise an das von Earl Hines, auch nicht an das von Teddy Wilson. Aber er läßt mich auch an Teddy Wilson denken.

Weil sowohl Hines als auch Wilson wie Clyde Hart große Begleiter gewesen sind (und es noch immer sein können). Zweifellos deshalb.

Der Klavierchorus aus *When lights are low*, das ist er, glaube ich. Ja. Und ebenfalls der aus *One sweet letter from you* und der aus *Early Session Hop*. Und nicht wenige andere. Wie zufällig finden sie sich unter den besten Platten von Hampton. Es ist auch zu spüren in *Groovin' High*, in *Dizzy Atmosphere* und in *All the things you are* von Manor, in *Salted Peanuts* mit Byas und in *I can't get started*.

Halt. Und auch in der „Apollo"-Session von Hawkins - *Woody'n You, Yesterdays*, und so weiter.

Aber ich brauche keine Statistiken, um die Wertschätzung zu untermauern, die ich für Clyde Hart empfinde, von dem ich nichts weiß, dem ich persönlich nie begegnet bin, dessen Tod ich bedaure und von dem ich für mich den Chorus aus *When lights are low* und die Introduktion aus *Sorta Kinda* singe sowie die kleinen Endreime, die wie vergessene Perlen inmitten unzähliger Platten verkümmern, wo er, wie ein großer Begleiter, das beste von sich gegeben hat, damit die Solisten absahnen können.

(März 1955)

★

ANTWORT AUF NADJA STECYK, LIÈGE, IM RAHMEN DES „LESERBRIEFKASTENS" VON MICHEL DE VILLERS

Was für eine Feder! Jene von Boris Vian. Seine Bücher nicht lesen, seine Chansons nicht hören, nur seine „Revue de Presse" kurz überfliegen, und man ist im Bilde. Leider ist er so intelligent. Warum ist es erlaubt, daß Intelligenz zuweilen mit solcher Geisteshaltung im Bunde ist? Man hat den Eindruck, daß er leicht den Frühling, die Sonne und die Blumen in eitrige Wunden, die Ferien und die Côte d'Azur in von

Schakalen zerfleischte Kadaver verwandeln möchte. Er zerfetzt, spottet, verreißt, trampelt auf allem herum. Ich schließe diesen Sermon hier, um Ihnen die Replik zu ersparen: „Was sich gewisse Mädchen nur ausdenken, um die Geisteshaltung von Boris Vian anzuprangern!" Was im übrigen nur gerecht wäre. Hier meine Entschuldigung, ich möchte von Ihnen, der Sie einer seiner Kollegen sind, wissen, ob er wirklich diesen machiavellistischen Geist besitzt, der seine Schmöker beflügelt? Wenn Sie mir nicht antworten, werde ich das sehr gut verstehen. Aber Sie können ihm sagen, daß ich meine Dissertation am Ende des Jahres über „Deformierte Geisteshaltungen" schreibe und meine ganze Arbeit, was die Geisteshaltung betrifft, auf seiner gründen wird.

★ ★ ★

Sehr geehrtes Fräulein,

mein guter Freund Villers sendet mir, nachdem er kräftig gelacht hat, Ihren Brief, und nachdem ich meinerseits auch kräftig gelacht habe, halte ich es nur für korrekt, Ihnen zu antworten, weil Sie soviel Zeit investiert haben, sich soviele Fragen über mich zu stellen.

Sie haben das Glück, allein schon beim „kurzen Überfliegen seiner Revue de Presse" alles zu begreifen. Sie begreifen schnell, aber ich weiß nicht, ob Sie richtig begreifen; Sie bereiten eine Dissertation über die deformierten Geisteshaltungen vor, doch deformiert in bezug auf was? Das setzt ein Bezugssystem voraus. Meint es in bezug auf Ihre Geisteshaltung? In diesem Fall sind Sie das Bezugssystem. Das ist ein bißchen prätentiös. Heißt das, deformiert in bezug auf einen idealen und sehr überlegenen Geist? Sind Sie aber, was diesen überlegenen Geist anbelangt, sicher, ihn mit allen Kreuz- und Querzügen erfassen zu können? Wenn ja, ist das *auch noch* ein bißchen prätentiös; glauben Sie am Ende, daß diese „Revue de Presse" tatsächlich ausreicht, die Vorstellung von einer Geisteshaltung (welcher auch immer) zu geben? Wiederum Sie sind es, die aus Mangel an *In*formation etwas *de*formieren. Es läge ganz in Ihrem Interesse, Dinge und Menschen ein bißchen ernster zu nehmen, als sie es offenbar tun. Mein ganzer „Machiavellismus" besteht darin, daß ich täglich dazuzulernen versuche, und was Sie als destruktive oder grimmige Urteile auffassen, ist nur die einfache Reaktion (übrigens oberflächliche Reaktion, denn man könnte viel weiter gehen) von jemandem, der Lust hat, mehr als nur die Oberfläche zu erfassen. Außerdem, und das ist eine literarische Frage, wenn Sie in Ihrem Alter (älter als zwölf sind Sie denn doch) nicht in der Lage sind, einen Bären, den man Ihnen aufbinden will, als solchen zu erkennen, dann haben Sie einiges aufzuholen. Ich bin bereit, alles zu begründen, was Sie mir bereits vorwerfen, aber ich habe eben keine Lust, meine Leser zu langweilen, wenn Sie das lockt, wird es unter uns bleiben. Es handelt sich einfach darum, daß Sie nicht vor Blödheit eingehen; nicht daß ich mich nicht für Ihren Geisteszustand interessierte, doch Hopfen und Malz ist noch nicht verloren, da Sie ja „Ja-Zote" lesen!

Noch ein Rat: bevor Sie die Deformation eines anderen tadeln, sollten Sie einen Graphologen konsultieren. Er wird Sie überraschen können; Ihre Handschrift gibt wenigstens zu keiner Beunruhigung Anlaß.

Kecke Küsse

Boris Vian
Ingenieur für Kunst und Gewerbe
Satrap des Collège de Pataphysique
Mit allen Weihen ausgestatteter Beweger des Ordens vom Großen Wanst

P.S. Manchmal sollten Sie ein bißchen lachen. Das entspannt. Und das erst heißt, die Dinge ernstnehmen.

(Mai 1955)

★

GO ... GO ... GORAGUER

Vom Alter von sechs Jahren an setzte er seine Nachbarn in Erstaunen, weil er nicht Klavierspielen konnte. In einer Epoche, wo es von Wunderkindern nur so wimmelt, in der das Genie die engen Straßen der modernen Großstädte verstopft, ist dies ziemlich bemerkenswert, um unterstrichen zu werden. Um ein an Schickalswendugnen reiches Leben zu resumieren, geben wir zu Protokoll, daß er sich dieses Mangels mit fünfzehn Jahren bewußt wurde und Geigenunterricht nahm. Erschreckt über die tückische Bosheit der glitschigen Saiten, auf die man die Finger legen muß, und zwar mit Vorteil auf die richtigen Stellen, wandte er sich schon wenig später dem Klavier zu, das sich übrigens zwei Meter weiter links befand.

Kurz, Goraguer nahm Klavierunterricht. Ungeachtet des Tons dieses Artikels - ein Ton, der seine Ursache in Gründen hat, die ich Ihnen später erläutern werde, sollte mir Gott ein langes Leben schenken - studierte er ernsthaft. Er wohnte in Nizza; seit einiger Zeit hat man bemerkt, daß die Musiker aus Nizza dazu tendieren, den Musikern im Norden zahlenmäßig Konkurrenz zu machen. Ein guter Gleichgewichtsbeweis für unser sechseckiges Land, wahrlich. Ihm war eine gewisse Schüchternheit eigen, die ihn lange Zeit von den lauten Kreisen fernhielt, wo man mehr als nötig von Jazz redet, aber weniger als nötig Jazz spielt. Diese Schüchternheit äußerte sich in einem lobenswerten Fleiß; nicht daß man nur selten auf Menschen stoßen würde, die am Klavier wirklich *arbeiten*, aber bei den Jazzamateuren ist es trotzdem eher nicht die Regel. Mit zwanzig Jahren begegnete Goraguer in Nizza Diéval, der ihm riet, sich ganz dem Klavier zu verschreiben. Glücklich über diesen guten Vorwand ging Goraguer, der nur darauf wartete, nach Paris und verlegte sich auf das Studium der Harmonielehre, außerdem setzte er seine Fingerverrenkungsübungen fort. Das tut weh.

Ich habe viele Hemmungen, über Goraguer zu sprechen. Es ist schwierig, von einem Freund zu erzählen. Zumal ich auch für die erste Platte verantwortlich bin, die er bei Philips eingespielt hat. Das indessen wird mich nicht daran hindern zu erklären, daß ich glücklich bin, ihn zu dieser Aufnahme bewogen zu haben. Er mußte fast am Schlawittchen ins Studio geschleppt werden, denn er hatte einen schrecklichen Bammel davor. Ich glaube trotzdem, daß sich die

Mühe gelohnt hat. Ich glaube, daß er das Zeug zu einem Jazzpianisten ersten Ranges hat.

Ich glaube außerdem, daß diese erste Langspielplatte verblüffen wird. Ich habe nicht die Angewohnheit, mich in Lobeshymnen zu ergehen. Lobhudelei ist zu jeder Jahreszeit lächerlich. Ich möchte einfach ihre Aufmerksamkeit auf die Tatsache lenken, daß Goraguer Qualitäten hat, die vielen jungen Musikern abgehen. Erstens hat er eine gewisse Zahl von originellen Ideen. Soviele gibt es nicht, die welche haben. Dann verfügt er schon über eine eindrucksvolle Technik. Drittens besitzt er eine Qualität, für die ich vielleicht zu empfindlich bin, wenn es sich ums Klavier handelt: der Anschlag (indessen glaube ich, daß man gegenüber dieser Qualität nicht zu empfindlich sein kann). Schließlich sind seine Attacka und seine „Samtpfote" sehr eindrucksvoll.

Es hätte keinen Sinn, diesen Artikel zu schreiben und ihn von anderer Hand unterzeichnen zu lassen oder ihn mit einem unbekannten Namen zu zeichnen. Niemand unter den Jazzmusikern kennt bisher Goraguer; ich bin der einzige, glaube ich, der ihn so gut kennt. Es ist also nur normal, daß ich über ihn etwas sage. Es geschieht weder, um für die Firma Philips Reklame zu machen, die das nicht nötig hat, noch um mich als Entdecker aufzuspielen, denn Goraguer hatte das nicht mehr nötig, um gut zu spielen, und wenn man gut spielt, wird man immer bekannt. Ich habe diesen Artikel verfaßt und ihn einzig und allein unterzeichnet, um die Aufmerksamkeit meiner Freunde zu erregen - und ich weiß, daß ich nicht wenige Freunde habe, die mir das Vergnügen bereiten, mir zu schreiben oder mich zu lesen - über einen jungen Burschen, der es weit bringen muß, wenn ihn die kleinen Schweinekerle unterwegs fressen; und die kleinen Schweinekerle sollten sich vorsehen, denn auch er hat großen Appetit. Und ich bin sicher - das garantiere ich Ihnen - Sie werden sich keine Sekunde beim Hören seiner Platte langweilen. Sie bietet allerhand. Obwohl es nur eine erste Platte ist. Das Weitere hängt von ihm ab. Außerdem hat sie swing. Aber ja doch. Überprüfen Sie es selbst.

Ich halte es nicht für angebracht, von der Begleitung zu spechen, die Paul Rovère und Christian Garros besorgten; man weiß, was man von ihnen erwarten darf.

(Oktober 1956)

★

Ausgewählte Plattenkritiken

MACHITO UND SEIN ORCHESTER UNTER DER LEITUNG VON CHICO O'FARRELL

Afro Cuban Jazz Suite

Meine Vorliebe für das Orchester von Machito und vor allem seine Rhythmusgruppe ist bekannt. Auch meine Vorliebe für Parker ist bekannt. Hier haben sie sich überdies für die ziemlich packende Jazz-Suite von Chico O'Farrell, der dieses Stück komponiert, arrangiert und dirigiert hat, noch mit Buddy Rich und Flip Phillips zusammengetan. Alle Elemente des wahren Jazz und darüber hinaus noch andere erleben wir hier versammelt, und wenn auch das Ganze etwas hybrid wirkt und es sich nicht um so geniale Musik handelt, wie es die von Ellington oft ist, so bringt es einem doch eine Menge und es weicht, Gott sei Dank, von den einmal eingeschlagenen und immer wieder begangenen Wegen ab. Sie finden hier die entfesselte Improvisationskunst von Parker und Flip, sie hören das Orchester von Machito mit Buddy Rich swingen, und vor allem haben Sie eine LP, die wirklich eine LP ist und nicht eine Anhäufung von Dreiminutenstükken. Es ist einfach eine wunderbar aufputschende Musik, und wenn das für Sie nicht als Jazz in Betracht kommt, ist es mir auch egal, weil ich sowohl Louis und Hawkins als *auch* den *Wozzek* von Berg und *La Valse* von Ravel und Machito liebe; vor allem wenn er mit Parker spielt, und was das Weitere betrifft, lesen Sie den Text einfach nochmal von vorn, weil ich, ehe ich Ihnen ellenlange Vorträge halte, es vorziehe, ein weiteres Mal diese kleine Platte aufzulegen ...

★

LUCKY MILLINDER UND SEIN ORCHESTER

Backslider's Ball
Please be careful

Sie wissen ja bereits, daß ich das Orchester von Lucky Millinder sehr mag, das übrigens hier mit sympathischen Burschen wie Hilton Jefferson und Tyree Glenn vollgestopft ist. Ein langsames, einfaches und riffreiches Thema (aber die riffs, wenn es sich um ein *großes* Orchester handelt, können sehr, sehr prächtig sein) - von solchem Zuschnitt ist *Backslider's*, ist besessen und heizt ein. Bei Millinder ist das Fehlen jeder Art von Prätention sehr angenehm. Das Traumorchester für einen großen verrauchten Nachtschuppen. *Please*, in halblangsamem Tempo, klingt wunderbar schrill ... *Maybe please be careful if you can't be good.* Ein herrlicher Tenorsaxophonchorus. Pigmeat Peterson hat eine schöne Stimme. Ed Shaughnessy am Schlagzeug sichert eine starke, taktvolle Unterstützung.

★

HOCHWÜRDEN B.C. CAMPBELL UND SEINE ORDENSBRUDERSCHAFT

Heaven bound train
I'll fly away

Große Chöre mit Händeklatschen, eine Rhythmusgruppe, die tüchtig einheizt, das ganze zunehmend schneller werdend in einer liebenswürdigen Unordnung, voller Atmosphäre, die vollkommen gelöst und unprätentiös ist - lieber Hochwürden Campbell, zu Ihren

Predigten werde ich kommen, wenn darin von „Zügen" die Rede sein wird. *I'll fly away* setzt sich aus einem Solovortrag und den Antwortsongs der Menge zusammen. Es beginnt religiös, aber sehr lange hält das niemand aus, und jedermann fängt fröhlich zu tanzen an zum Klang eines Pianos, das seine hundertsieben Jahre auf dem Buckel hat. Eine reizende Platte für alte Christen wie mich.

★

THE BELLS OF JOY

I'll work Lord
Let's talk about Jesus

Diese hier präsentieren sich eher im Stil des „Spirit of Memphis quartet". Die schwungvolle Konzeption der unbefleckten Reinheit, die von diesen musikalischen Priestern bekundet wird, ist sehr beruhigend und geleitet uns mit der Zeit zu einer angemesseneren Wertschätzung der Qualitäten chinesischer Musik oder anderer Vierteltöne. Vom Moment an, wo sie miteinander kommunizieren, was der Fall ist, sind sie perfekt. *Let's talk* ist die Jazz-Seite dieser Pressung. Der lustige Punkt ist hier, daß das Ganze in einer gewissen, vollkommen natürlichen Weise mit dem Hilbilly-Stil verschmilzt. Alles ausgezeichnet ... heute übrigens bin ich guter Laune.

★

BILLY MAY UND SEIN ORCHESTER

My silent love
Fat Man Boogie

Trotz des unendlichen Umfangbereichs meiner Boxen sowie der Tiefen bis zu + 14 Dezibel und Höhen bis - 6 meines Reglers (Techniker werden mir folgen können) ist es mir fast unmöglich gewesen, diese Platte anzuhören, so übersteuert ist die Aufnahme. Davon abgesehen (schließlich liegt es vielleicht an meinem Plattenspieler) ist es schändlich, empörend und sittenwidrig, daß Billy May im letzten Jahr (und in diesem wieder) Millionär werden konnte, indem er auf eine so schmutzige (und außerdem auch noch einfallslose) Weise das Werk von Jimmie Lunceford plünderte. Das macht alles in allem ein ausgezeichnetes Ensemblespiel, sehr perfekt, ohne Spur von Beteiligung; zweifellos keine Note, die nicht kalkuliert, abgekartet, gefeilt und poliert wäre - aber schon bei Lunceford hat dies alles verpfuscht. Gute Tanzmusik; genauso als hätte ich den *Misanthrop* abgeschrieben und mit dem Namen Michel Delaroche gezeichnet, wobei auch ein gutes Theaterstück herausgekommen wäre. Immer die falschen Vermeers. Das einzige Verdienst von Billy May ist, Tanzmusik ohne Vokalgesang wieder in Mode gebracht zu haben. Dafür vielen Dank. Ein paar Ideen mehr könnten aber nichts sch...(aden)!

★

ABERMALS ART TATUM

Sweet Lorraine / Don't blame me / My heart stood still / Somebody loves me / Someone to watch over me / Goin' home / Talk of the town/ Time on my hands

Für Tatum hat das Klavier viel mehr als achtundachtzig Tasten, und Tatum selbst hat viel mehr als zwei Hände. Das ruft diesen einmaligen Effekt hervor, wenn man ihn hört. Unnötig, sich den Kopf zu zerbrechen und unnötig, sich eine detaillierte Kritik zu erhoffen: Tatum gehört zu denen, die man nicht kritisiert. Kurz und gut: er *ist*. Eine Naturgewalt eben. Bei langsamem und bei schnellem Tempo hat er was zu sagen, er sagt es - und wie! Ein Ohrenschmaus für Amateure, für Kritiker und für Techniker! Wer sagt's besser?

★

PROFESSOR J. EARL HINES UND SEINE GOODWILL SINGERS

Get on board, little children
Daniel

Als weitere Platte ihrer Serie von Einspielungen erstklassiger Spirituals legt uns Vogue hier eine sehr beachtliche Pressung vor. Der Professor heizt seiner Truppe tüchtig ein und verordnet ihr einen absolut köstlichen swing. *Get on board* fängt mit einem eindrücklichen Chor an, sehr ruhig und gut geführt, und ganz überraschend schlägt der Rhythmus ein, an allen Ecken wird in die Hände geklatscht, und das hat ein Gleichmaß wie der Liebe Gott höchstpersönlich. Wenn das in Frankreich in der Kirche zu hören wäre, ginge ich sonntags immer hin. Die Rückseite, *Daniel*, swingt auf den ersten Schlag, und von einem Schlag auf den andern leitet es in ein vollendet göttliches Tempo über; das Eingreifen von Engelsstimmen zur Unterstützung im dritten Chorus ist wirklich höchst angenehm. Ein Bravo für Earl und für die Sänger ... und macht weiter so, ändert nichts ...

★

DAS GENE KRUPA-SEXTETT

Don't take your love from me / Imagination / Coronation Hop / Capital Idea / Paradise / Overtime

Bedauerlicherweise, doch bin ich verpflichtet, es von vorneherein zu erwähnen, hasse ich die winzigste Note, die aus dem unreinen Instrument von Bill Harris kommt; und wenn ich hinzugefügt hätte, daß er die Vorderseite mit seiner Anwesenheit schmückt, würde man verstehen, daß ich Vorbehalte gegen die Minuten hege, in denen seine Furzposaune ertönt. (Ich bin von den Fritzen unterbrochen worden, die das Öl liefern und habe mir die Finger bekleckert, das erklärt die Heftigkeit des Vorwurfs - indessen, vielleicht, in Oelo veritas ...)

Davon abgesehen spielen Ben Webster, Teddy Wilson, Ray Brown und Charlie Shavers wunderbar - und Bill Harris hört man so gut wie nicht heraus! Und auf der Rückseite hört man ihn überhaupt nicht.

Die beiden ersten Titel, in langsamem Tempo und in einer völlig entspannten Atmosphäre gespielt, diskret von der Rhythmusgruppe unterstützt, bringen alle Solisten bestens zur Geltung. Speziell Shavers, der die Arrangements gemacht hat, erlebt einen seiner ruhigen, verträumten Tage und glänzt bei den Chorussen.

Die viel bessere Rückseite legt mit einem hübsch rasanten Tempo los, bemerkenswert feurig gespielt und in Szene gesetzt. Diskrete und wirksame Arbeit von Krupa (der übrigens sich in keinem Moment in den Vordergrund drängt und wirklich eine gute Ensemblearbeit leistet). Der zweite Titel bringt das Piano von Freund Wilson herrlich zur Geltung - ebenso auch der vierte. Und das hübsche klassische Thema von *Paradise* benutzt Shavers, um ein herrlich gedämpftes Solo zu blasen. Beim vierten Stück läßt sich Krupa ein wenig gehen und er vollbringt eine hübsche Leistung hinsichtlich Trockenheit und Reinheit.

Insgesamt, trotz dieses Arschlochs Bill Harris, zwei recht ansehnliche Plattenseiten. Warum nur hat man dieses Zebra genommen, dessen wahrer Platz im Orchestergraben der Komischen Oper von Strüdbrütsch ist? (Ich verrate nicht, wo das ist, ich will schließlich niemand verärgern.)

★

ARTIE SHAW UND SEINE GRAMERCY FIVE

Sequence in B Flat
I've got a Crush on you
The Sad Sack

Artie Shaw, dessen Autobiographie gezeigt hat, daß er ein interessanter Zeitgenosse ist, hat von sich als Musiker viel zu sagen, aber er ist von den Jazzamateuren nie als etwas anderes als eine Art von Benny Goodman im Gänsekleinformat angesehen worden. Seine Formation „Gramercy Five", die in Frankreich wenig bekannt ist, umfaßte, wenn ich mich recht erinnere, ein Cembalo, doch hier ist kein's mehr dabei; aber es gibt interessante „sidemen": Tal Farlow (Gitarre); Joe Roland (Vibraphon); Hank Jones (Piano); Tommy Potter (Baß) und Irv Kluger am Schlagzeug; auf die Klarinette hätte man wirklich sehr gut verzichten und zum Beispiel irgendeinen anderen nehmen können. Natürlich kann er Klarinette spielen, aber die jungen Leute auf dem Konservatorium können das auch. In musikalischer Beziehung ist das alles tadellos. In jazzistischer Beziehung ist es hybrid: nicht neu genug, um Aufsehen zu erregen und nicht aufsehenerregend genug, um neu zu sein. Aber es ist viel besser, diese Platte beim Essen oder beim Lesen anzuhören, als Camille Sauvage zuzuhören (Verzeihung, Camille).

Schöne Chorusse von Tal Farlow über *I've got a Crush* und *Sad Sack*, obwohl diese Stücke nur kurz sind. Schönes Stück Arbeit von Hank Jones und Joe Roland. Interessantes Arrangement von *Sad Sack*, in einem Tempo, das ein bißchen mehr swing hat.

Zwei ordentliche Plattenseiten, lauwarm und ohne besondere Akzente, die man anhören kann, ohne von Leidenschaft gepackt zu werden, von Langeweile allerdings auch nicht.

★

NAT KING COLE

Don't blame me
You call it madness

Nat singt zum Entzücken das hübsche *Don't blame me*, und man kann sich nur schwer eine passendere Stimme als die seine für diese gefühlvolle Anklage vorstellen. Er bemächtigt sich danach des Klaviers und überläßt den Mittelteil seinem Gefährten Oscar Moore, um am Schluß wieder als Vokalist in Erscheinung zu treten. Man weiß, daß es den Platten von King Cole gelingt, die zwei heiklen Tauglichkeiten fürs Kommerzielle und für echten Jazz zu verbinden; diese hier macht keine Ausnahme von der Regel, und *You call it madness* ist ebensogut gelungen. Der verstorbene Fats brachte dank seines wunderbaren Humors das abgedroschenste Zeug zur Wirkung; auf eine andere Art bringt es auch King durch seine Intelligenz und durch seine Kunst, seine angenehm gedämpfte Stimme dem Sinn der Worte zu beugen, ganz gut über die Rampe.

★

MAHALIA JACKSON

City called heaven / Bless this house / I bow on my knees / His eye is on the sparrow / The lord's prayer / Walk with me / There's not a friend like Jesus / I'm getting nearer my home

Es hieße unsere Zeit und den uns knausrig eingeräumten Platz zu verschwenden, wollten wir uns über die Vorzüge dieser neuen „Vogue"-Platte auslassen. Man kennt die Stimme von Mahalia Jackson, weiß, daß jede ihrer Interpretationen von ihrem liebenswerten Temperament und einer der herzzerreißensten Naturstimmen geprägt ist. Hier liegen nun acht neue Spirituals vor, welche den früheren das Wasser reichen und die, wenn Sie ein Liebhaber dieser leicht ausgefallenen Gattung sind, schon ab heute in Ihrem Plattenständer Platz finden müssen.

★

ELLA FITZGERALD

Santa Claus got stuck
Molasses, Molasses

Ich könnte Ella Fitzgerald stundenlang zuhören, wenn sie ihre leicht verruchte Kleinmädchenstimme anschlägt, um das Mißgeschick jenes armen Sankt Nikolaus zu erzählen, der im letzten Jahr im Schornstein steckengeblieben ist. Diese traurige Geschichte wird in einem „fetzigen“ Swing von Ella ausgemalt, die von einer vorzüglichen, kleinen Formation, sowie einer unaufdringlichen Vokalgruppe begleitet wird. Wirklich, Ella ist wie Louis: Welches Lied sie auch interpretieren mag, sobald das Ganze über ihre Stimmbänder fegt, wandelt es sich zur Quintessenz des Jazz; es gibt nichts Tanzbareres, Vergnüglicheres und Erregenderes.

Molasses, Molasses will die Stimmung von *Tisket a Tastet* wieder auferstehen lassen, doch diesmal ist der Chor der idiotischen Jungmädchen wirklich zuviel des Guten, und die Stimmung wird von ihrem glockenhellen Gelächter vernichtet statt verdichtet. Um dies erträglich zu machen, hätte Ella ganz allein singen müssen. Schade!

★

JOHNNY HODGES UND DIE ELLINGTONIANER

A little taste
Charlotte Russe

Johnny Hodges, Al Sears, Harry Carney, Harold Baker, Billy Strayhorn, Oscar Pettiford, Sonny Greer.

Die erste Seite, deren Atmosphäre leicht an *Esquire Swank* erinnert, beginnt mit einem langen Melodiebogen von Johnny Hodges, und im Nu weiß man, daß das eine gute Platte sein wird; man wird nicht enttäuscht; durch die kleine Formation vorzüglich unterstützt, entfaltet Johnny den ganzen swing der alten Tage und jenes geschmeidige stählerne Vibrato, woran man ihn unter Tausenden heraushört. Ich gehöre zu denen, die Sonny Greer für einen *sehr großen Drummer* halten; er vollbringt hier wahre Wunder, so wie er während der fünfundzwanzig Jahre bei Duke wahre Wunder vollbrachte. Die Rückseite, *Charlotte Russe*, ist eine hübsche sentimentale Komposition von Billy Strayhorn, in der Stimmung von *Violet Blues*, *Magenta haze* und anderer Schlachtrösser Johnnys. Wunderbare Musik, geeignet zum Tanzen mit einer stark parfümierten Schönen auf einer Terrasse in lauer Sommernacht. Wirklich, es ist herrliche, ganz knappe Musik, die nur Johnny Hodges zu spielen versteht, ohne in Künstelei und Postkartenkitsch zu verfallen. Vier Sterne ...

★

MAHALIA JACKSON

The last mile of the way
I'm glad Salvation is free

Einmal mehr liegt hier in der Mahalia Jackson-Serie bei „Apollo" eine Platte vor, die ebenso bewundernswert ist wie ihre Vorgängerin.

In diesen Spalten habe ich alles Gute gesagt, was ich von diesen Einspielungen dachte: die vorliegende ist auf der Höhe der übrigen. Wirklich, ich glaube, es ist angebracht, Mahalia sehr hoch einzustufen; für meinen Geschmack ist sie unendlich viel aufregender als alle Marian Andersons dieser Erde. In einem Marschtempo genommen, wird *I'm glad* unerbittlich bis zum Schluß durchgezogen. *The last mile* ist ein eher „religiöses" Thema, wenn man so sagen darf, das von jener zurückhaltenden Orgelbegleitung untermalt wird, die eine derart einzigartige und packende Stimmung verbreitet. Eine weitere Platte, die *ein Muß* ist.

★

DAS QUARTETT ZOOT SIMS

Don't worry about me
Crystal's

Wenn man ein Altsaxophon nähme und wenn man hubert fol (ohne Großbuchstaben, um auf der vogue-Linie zu bleiben) hieße, wenn man ihn zwei Titel einspielen ließe mit jerry wiggins (Klavier), pierre michelot (Bass) und kenny clarke (Schlagzeug), könnte man glauben, daß es sich um diese Platte von zoot sims handelt. Für Augenblicke ist es außerordentlich, bis zu welchem Punkt das Sax von Sims wie ein Altsaxophon klingt (und vor allem, wenn man die Platte, wie ich gerade, zu schnell laufen läßt). Spaß beiseite, hier handelt es sich um zwei spaßige Einspielungen. Aber ein ziemlich peinlicher Fehler haftet beiden an: die Aufnahme wird übertönt von der Zimbel Kenny Clarkes, kreischend und surrend wie ein Mückenschwarm auf Jagd. Zoot ist ein zarter und einfühlsamer Tenorsaxophonist; nur macht er einen Fehler, wenn er ein Stück, das in allen Sprachen der Welt *Linger awhile* heißt, in *Cristal's* umbenennt. Das ist nur ein unbedeutender Einwand. Allerdings diese Zimbel ... Doch, abgesehen von dieser Zimbel, beweist Jerry Wiggins am Klavier seine großen Qualitäten. Eine gute Tanzplatte.

★

JELLY ROLL MORTON'S RED HOT PEPPERS

Shoe Shiner's Drag
Kansas City Stomp

Von diesen beiden Scheibentiteln gab es *Kansas City Stomp* schon einmal vor einigen Jahren in Kombination mit einem anderen Stück; es ist übrigens ein herrlicher Titel, und es ist nicht zu bedauern, ihn hier wieder vorzufinden, so langweilig in der Regel diese wechselnden Zusammenstellungen sonst sind, die zur Erbmasse großer Plattenfirmen wie V.S.M., Columbia, kurz die Firmengruppe Pathé-Marconi, zu gehören scheinen. Doch lassen wir das. Nur *Shoe Shiner's Drag* ist also eine Novität für das französische Publikum. Das Stück gehörte zur selben Session am 11. Juni 1928 wie *Georgia Swing, Kansas City Stomp* und *Boogaboo* (warum, o warum hat man auf der Rückseite nicht *Boogaboo* herausgebracht?) mit Ward Pinkett (Trompete), Beechy Fields (Posaune), Omer Simeon (Klarinette), Jelly Roll (Klavier), Lee Blair (Gitarre), Bill Benford (Tuba) und Tommy Benford (Schlagzeug). In einem ziemlich langsamen Tempo gespielt, ist das Thema auf den Harmonien des Blues aufgebaut, mit Breaks auf den vier ersten. Die vier fraglichen ersten Harmonien werden also vom Ensemble eingeführt, dann wird das Thema selbst von der Trompete übernommen, und dann ist es eine Chorusfolge, die, mit oder ohne Breaks, zuweilen wiederholt wird. Außer der von Jelly Roll wird man vor allem die überragende Arbeit von Ward Pinkett schätzen, die von vollendeter Reinheit ist, gefolgt vom herrlichen Chorus einer gedämpften Posaune. Es ist gute Musik im „alten Stil". Kein Mensch wird gegen diese authentischen Interpretationen etwas einzuwenden haben.

★

FATS WALLER UND SEINE RHYTHMUSGRUPPE

Smarty
I won't believe it

Seine wunderbare Wendigkeit und dieser erstaunliche Sinn für Tempo haben nach wie vor etwas Überraschendes. Sehr fröhlich macht sich Fats über *Smarty* her, ein angenehmes Thema, dessen Text er, nachdem es einmal auf dem Klavier angeschlagen worden ist, auf seine ihm eigene Art in einem unnachahmlichen parodistischen Stil vorträgt. Die Texte, etwas besser als die der gewöhnlichen Romanzen, passen übrigens diesmal zu seiner sarkastischen Ironie. Fats schneidert sich also die drei ersten Chorusse für sich zurecht, dann kommt das Tenorsaxophon von Sedric, und dann übernimmt Fats stimmlich mit dem gesamten Ensemble wieder die letzten acht Takte. *I won't believe it*, in einem viel langsameren Tempo, ist ein echt blödes Lied, und Fats zerlegt den Text mit einem ergötzlichen Sadismus. Hier einmal mehr hat man auf die Kombination keine Rücksicht genommen, und es fragt sich warum, zumal es eben doch eine der weniger interessanten Aufnahmen von Fats ist und es so viele andere, bessere gibt. Eine Frage: warum zum Teufel bringt die Firma Pathé-Marconi nicht alle Fats-Titel als Long Playing heraus? Niemand würde das bedauern; ich schätze, es ergäbe eine Serie von gut zwanzig 30-cm-Platten mit acht Titeln pro Seite ... es wären nicht viel mehr als 320 Einspielungen, und das wäre eben sehr handlich.

★

WALTER GIL FULLER UND SEIN ORCHESTER

Blues to a debutante
Tropicana

Das ist Jazz, wie ich ihn liebe: eine große Formation, die wie eine Maschine läuft, hervorragende Arrangements, eine hervorragende

Aufnahme, sie hat ein beträchtliches Klangspektrum, hart und weich, hot und cool, erfreulich im ganzen und erregend im Detail, und mit einem Haufen von Leuten, deren wahren Namen man absolut nicht kennt, denn sie präsentieren sich auf dem Umschlag in muselmanischer Aufmachung: Abdul Salaam, Mustapha Daleel, und so weiter, nicht zu vergessen Haleen Rasheed am Klavier. In *Blues* ein exzellentes Tenorsaxophon. Der Mann forciert ein bißchen bei bestimmten Passagen, aber es ist eine gute Leistung, wie Ténot zu sagen pflegt. *Tropicana*, wie der Name schon verrät, ist vom Mambo beflügelt. Bei der Gelegenheit: warum sind die „Puristen" nicht dagegen, wenn ein Militärmarsch im Rhythmus des two-beat gespielt wird und wenn der „wahre" Jazz sich von Choral und Quadrille beeinflussen läßt und so weiter, warum aber sträuben sie sich, wenn diese Musik mit herrlichen kubanischen Rhythmen verfälscht wird? Ein Geheimnis, das mir ein Rätsel bleibt. Der Jazz ist doch dazu da, um alle Einflüsse aufzunehmen und, um daraus Jazz zu machen. Und damit basta!

★

MEZZ MEZZROW AND HIS ORCHESTRA
(Pleyel Konzert)

Basin street blues / Squeeze me / Blue skies / Tiger rag / Rockin' for Panassié / Tommy's blues / Vogue boogie / When the saints go marchin' in

Von einer derartigen Sache nimmt man zwangsweise mit aufrichtigem Schmerz Kenntnis. Wie üblich, beginnt auf der Rückseite der Plattenhülle Panassié mit der Erklärung, daß bisher allen Orchestern von Mezz die Homogenität abging, doch bei diesem ... man wird es ja selbst sehen. In der Rückschau kann man denach die bisherigen Orchester mangelnder Homogenität bezichtigen. Man kann es uns also nicht vorwerfen, wenn wir die nächste Sammlung abwarten, um zu sehen, was es diesmal mit der Homogenität auf sich hatte. In der

Tat, wenn Bolling und Archey allein gespielt hätten, wäre eine unterhaltsame Scheibe herausgekommen. Doch das katastrophale Spiel von Mezz, das meckernde Vibrato von Lee Collins (ohne Zweifel, wie Panassié bemerkt, von Mezz beeinflußt, denn eigentlich kann Lee Collins ganz anständig spielen), und die Schwerfälligkeit von Moore zieht Sie unausweichlich in die düsteren Tiefen des Hades. Eine Bemerkung: Wenn man Homogenität wünscht, muß man Mezz ganz allein eine Aufnahme machen lassen. Aufgrund seines ungeheuerlichen (und einzigartigen) Talentes würde er das hundert Mal verdienen. Nehmen wir endlich tausend Mezz-Titel auf, wobei er andauernd E A E A E (in B) wiederholt, und lassen wir es dabei bewenden. Weder Bolling noch Archey haben sich, nicht einmal um ihr Leben zu verdienen, so schwerwiegend versündigt, um auch nur eine Sekunde länger mit der fraglichen Pflaume spielen zu müssen (Kraftausdruck bei Musikern). Monsieur Panassié sollte sich das alleinige Gebrauchsrecht sichern. Was Mezz betrifft, so gehört er zu jenen, die aus lauter Lächerlichkeit Fett ansetzen. Er war noch nie so fett.

★

THIS IS ... DON BYAS

Nice work if you can't get it / Roses of Picardy / Pleurs / Chloe / I'm in the mood for love / C'est vous Chérie / Tenderly / L'Enfant et la Rose

Don Byas, französischer lyrischer Künstler. Das sollte auf den Visitenkarten unseres National-Don stehen. Man ist immer zufrieden, diesen wunderschön vollen und zärtlichen Wohlklang wiederzufinden, und man ist immer sicher, daß Don schöne, zärtliche Melodien wählen wird, um die jungen Mädchen zu bezaubern. Nichts ist besser als eine Platte von Don für alle, die beschlossen haben, nicht den Geboten des verblichenen Nobelpreisträgers André Gide zu folgen und *trotz allem* den Schürzen nachzulaufen. Das Spiel von Don ist nicht sentimental: es ist sinnlich; das ist durchaus nicht dasselbe, und es löst durchaus nicht dieselben Wirkungen aus. Todsicher wird diese LP, die wir „Vogue“ verdanken, bei Surprise-Parties Wunder bewirken; und auf Danest muß sie den gleichen Eindruck gemacht haben, denn er hat die Plattentasche mit nackten Puppen geschmückt, die platterdings von den Werbeseiten irgendeiner Firma Ebony herkommen. Das wäre doch ein sehr geeignetes Forschungsfeld: Definition der sexuellen Neigungen von Musikern in Abhängigkeit von ihrem Spiel (spielen Sie nicht zuviel, sie werden nämlich recht eingeschüchtert sein von der Anzahl der Radrennfahrer, die Sie da treffen). Um zum Mitzikalischen zurückzukehren: das Tempo ist allgemein langsam, schöner Wohlklang, mutige Einfälle, schöne Aufnahme, die Begleitung diskret und leicht, kurz: eine sehr gute Sache, die Platte sollte man sich zulegen. Es kam mir irgendwie so vor, Bianchi herausgehört zu haben; die anderen, wer sie auch immer sind, erledigen ihre Arbeit mit gediegener Zurückhaltung.

★

KING COLE TRIO

I'm in the mood for love
I love you for sentimental reasons

Ich mag King Cole sehr, was ich Ihnen, wie Sie wissen werden, bereits sagte, und ich schätze, daß ich damit nicht der einzige bin, und so beschränke ich mich auf den Hinweis, daß diese Scheibe hier ebenso hervorragend ist wie alle anderen hervorragenden King Cole-Platten; er besitzt möglicherweise nicht das große Format eines Tatum, doch ganz gewiß die Kultiviertheit von Teddy Wilson, und er singt ganz hinreißend - und es ist Jazz. Na, was sitzen Sie noch rum. Diesmal umfaßt die Formation Oscar Moore und Johnny Miller.

★

TOUT L'ORCHESTRE DU « TABOU » EST LA ET MET SENS DESSUS DESSOUS L'IMMEUBLE BOURGEOIS EN INAUGURANT LA MUSIQUE COMIQUE. (Photos Ambiance)

8. Mai 1947

LE MANS, VALENCIENNES ENLÈVENT DES COUPES

…évêque, âgé de 18 ans, est à Valenciennes. Il a déjà …eudonyme de Jo Bichoop.

Un peu plus âgé, Marcel Trazin, 22 ans, est un employé ponctuel de la préfecture du Mans, où il est secrétaire.

LE JAZZ ABADIE VIAN

Lelio VIAN a 20 ans. Guitariste de l'ensemble, il est étudiant en droit.

Jackie DAUBOIS, le pianiste, est élève à l'Ecole Supérieure d'Electricité.

Le trompette Boris VIAN a 22 ans, est un ancien élève de l'Ecole Centrale.

Etudiant en droit, Edouard LASSAL tient le violoncelle.

Claude ABADIE est le chef du jazz. A 22 ans, il est élève à Polytechnique.

A 19 ans, Alain VIAN fut le directeur du Théâtre des Ambassadeurs, qui monta la pièce de M. Julien Luchaire. Dans l'orchestre, il tient la batterie.

LES MUSICIENS COMPOSENT EUX-MÊMES LEUR MUSIQUE PAR TÉLÉPHO

[illegible] club, rue Chaptal, [illegible]

20 JaZZ
DE PROVINCE
rivalisent
dans la "cave sonore" du HOT-CLUB

Boris Vian spielt auf seinem Spiralhorn

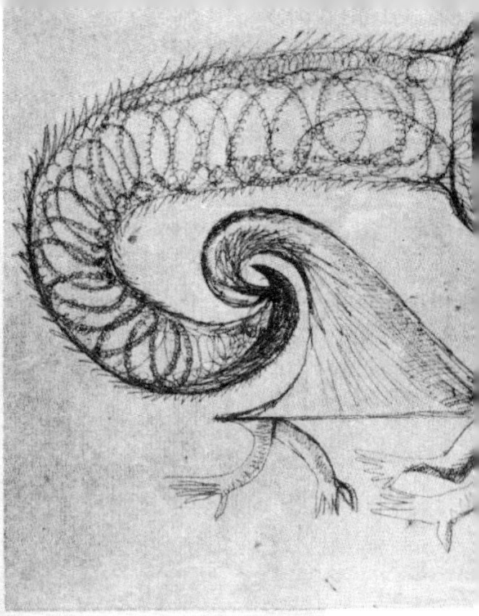

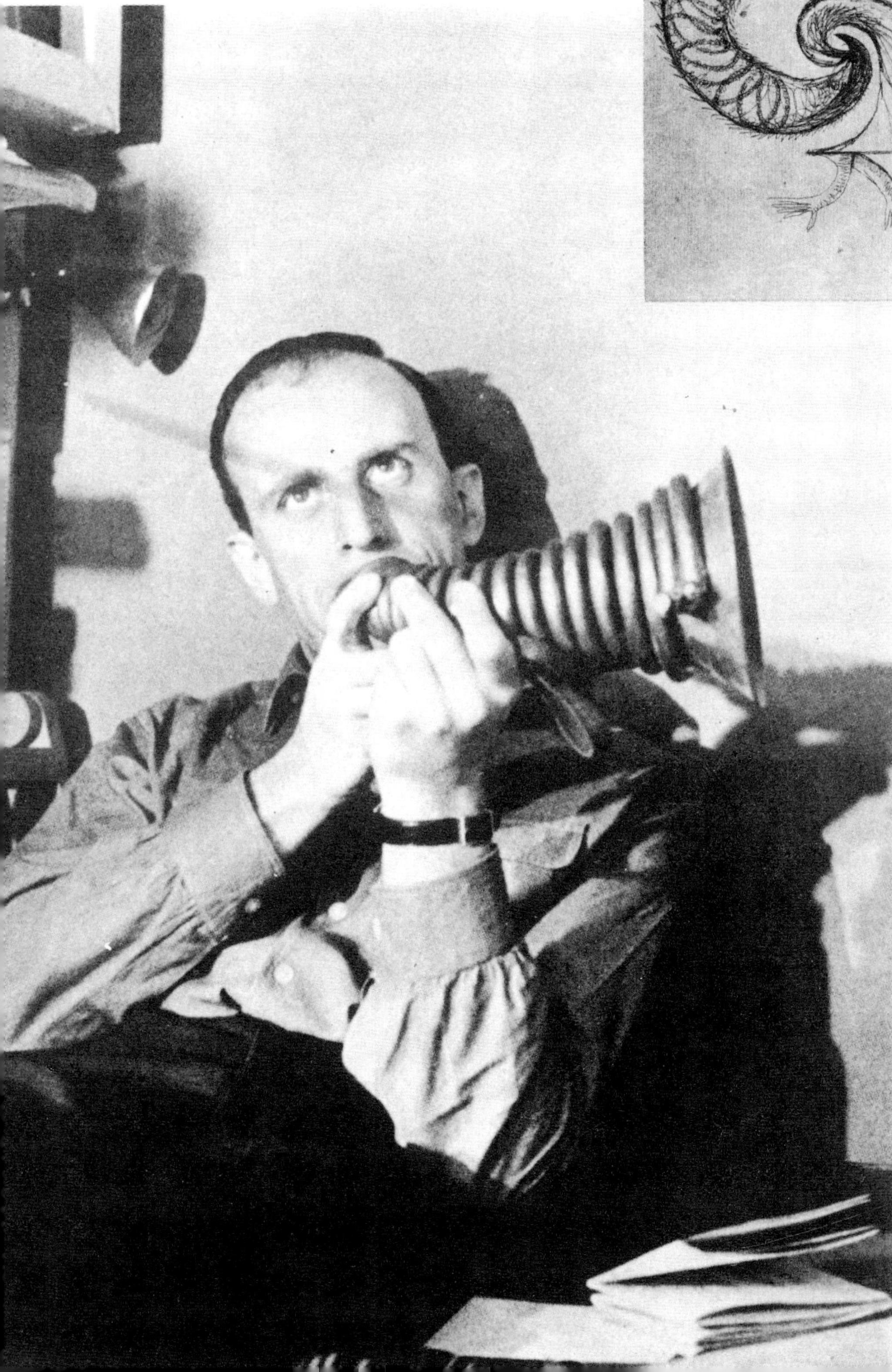

Gemälde von Boris Vian

Gemälde von Boris Vian

COLEMAN HAWKINS, SEXTETT HOWARD MCGHEE

April in Paris
Stardust

Sir Charles Thompson (Klavier), Allan Reuss (Gitarre), Pettiford (Baß), Denzil Best (Schlagzeug) umrahmen die beiden für die Platte verantwortlichen Urheber. Nach einer gelungenen Exposition von Hawkins, bringt McGhee, der mit der Rhythmusgruppe schlecht auszukommen scheint, einen nur mäßig inspirierten Chorus. - Das plug plug der Gitarre von Reuss ist auch eher fehl am Platz. - Ohne direkt schlecht zu sein, leidet diese Platte erheblich unter dem Vergleich mit *April* von Charlie Parker; dieser Teufelsvogel hat uns eben mit viel intellektuelleren Sachen verwöhnt, als sie Hawkins macht; diese hier erscheint dagegen oberflächlich. *Stardust* wird von McGhee eröffnet, Hawk eignet sich den Mittelteil an - nein, ohne Frage, toll ist das nicht. Das ist wie Lamartine nach der Lektüre von Kafka. Eine Langeweile, wie wenn man das seit zehn Jahren geliebt hätte ... Man hört das viel zu spät ... Man sollte nicht das Recht haben, Platten in beliebiger Reihenfolge anzuhören.

★

COLEMAN HAWKINS

Spellbound / I can't get started
Ruby / If I could be with you

Man wird nie wissen, welch schlechtgelauntes Würstchen den Einfall gehabt hat, das weitschweifige *Ruby* von Coleman Hawkins aufnehmen zu lassen, dessen Talent sich an die pseudokubanischen Rhythmen anpaßt wie eine Katze an einen Eimer kaltes Wasser. Das ist der einzige Makel dieser trotzdem interessanten 45-iger Platte, weil die restlichen Themen glücklicherweise besser gewählt sind. Es gibt unterschätzte Instrumentalisten, sagt man uns ständig. Hawkins ist nicht unterschätzt, aber er wird zu wenig zu Aufnahmen herangezogen; in einer Zeit, wo die kleinen Brubäcker tonnenweise ganze Alben einspielen, ist es bedauerlich, Hawk nicht öfters mit einer guten Formation vertreten zu sehen ... schlußendlich ... man kaufe also jederzeit diese Platte hier.

★

ELLA FITZGERALD

Lullaby of Birdland
Later

Ella ist eindeutig die Trauminterpretin von *Lullaby of Birdland*, dem hübschen Thema von Shearing (ich war gerade im Begriff zu schreiben: und Constantin ...), dem sie ihre Stimme mit ihrer ganzen, wohlbeabsichtigten Geschmeidigkeit leiht, und bei *Later*, dem Thema der Rückseite, läßt sie ein boppiges Feuerwerk los, bei dem einem die albernen Chöre gestohlen bleiben können. Sie swingt wie eine Teufelin, zum Ärger aller Chöre dieser Welt - sie würde sogar die sixtinische Kapelle zum Swingen bringen - und so werden diese zwei vortrefflichen Seiten die Kollektion passend ergänzen.

★

ELLA FITZGERALD

Thanks for the memory / It might as well be spring / You'll never know / I can't get started / Moanin' low / Taking a chance on love / That old black magic / Old devil Moon / Lover come back to me / Between the devil and the deep blue sea / You'll have to swing it

Ella Fitzgerald mit Benny Carter, Sy Oliver, André Prévin, J. Scott-Trotter und ihren Orchestern.

Mit einer seltenen Einmütigkeit stimmen die weißen oder schwarzen Sänger und Sängerinnen der Vereinigten Staaten überein, wenn sie bei den Blindtests, die beispielsweise Leonard Feather mit ihnen unternimmt, ausnahmslos Ella an die Spitze ihrer Vorlieben setzen. Es gibt Kronen, über deren Vergabe nicht diskutiert wird - die von Ella beruht auf einer derart unanfechtbaren Klasse, daß sie alles hinter sich läßt, was hinter Glas den Mund für die Aufnahme öffnet, seien es Männer, Frauen, Kinder oder Hunde, handelt es sich dabei um Balladen, Schnulzenlieder, Gassenhauer oder Paganini, alles, was von Ella berührt wird, scheint wie verzaubert. Sie ist in der Tat die größte Jazzsängerin auf dem Markt. Auch wenn man sie lieber in Aufnahmen mit echten Jazzorchestern hören würde, wird man nicht weniger erschlagen sein, wenn man sie während der 30 cm dieser allzu kurzen Mikrorille gehört haben wird.

★

JOE TURNER

Frankie and Johnny
Wedding boogie

Frankie ist zu sehr von Erroll Garner geprägt, als daß Joe Turner hoffen dürfte, es zu mehr als zu einer Anstandsleistung zu bringen.

Und so kommt es auch - und das gibt wirklich nicht viel her, außer einer harmlosen Hintergrundsberieselung. Wie schon Claude Léon sagt, er besitzt keine Kontinuität in der Denkungsart (wie versnobt er doch ist, dieser Typ). Die andere Seite, *Wedding boogie*, ist genauso öd und blöd wie alle Boogies, mit Ausnahme der von Art Tatum. Diese Musik ist mechanisch, kalt, blaß. Nicht gut.

★

STAN KENTON UND SEIN ORCHESTER

The Hot Canary
What's new

The Hot Canary ist ein kleines idiotisches und langweiliges Thema, das dazu dient, Maynard Ferguson zur Geltung zu bringen, das junge „Trompeterphänomen" bei Sten Kenton. Vom technischen Standpunkt können gute Leute da allerhand wiedergutmachen; auf dem Gebiet des Jazz kann das Maynard. Es bringt aber nichts. Und warum nicht? Weil es eben, genau betrachtet, keinerlei Beziehung zur schwarzen Tradition hat. Es fügt sich nirgendwo ein. Und weil es Vierteltaktmusik und leicht tanzbare Musik ist, ändert das noch lange nichts. Es ist genaugenommen das, was man eine „novelty" nennen kann, und das weist auch Kenton den richtigen Platz zu: eine Art von Super Ray Ventura der Vorkriegszeit, ohne die Gesangsnummern; und einmal mehr gibt es *Blues in Burlesques* - doch bleiben wir bei dem fraglichen Kanari. Wenn man bedenkt, auf welche Weise der Chorus von Cat Anderson *Hollywood Hangover* von Ellington krönt, kann man sagen, daß der ausgesprochen hohe Ton hier gut paßt - (und *Trumpet no end* ist davon noch ein anderes Beispiel); doch der ausgesprochen willkürliche, hohe Ton, der bloß Effekt macht, ist nur von technischem Interesse. Auf der Rückseite macht Ferguson es wieder ein bißchen wett, indem er die Ballade ganz hübsch spielt, aber zu was nun soll diese Halbierung des Tempos gut sein, ist es nicht etwas so Ungerechtfertigtes, wie etwas nur ungerechtfertigt sein kann? Mr. Kenton, Sie sind wirklich der geschmackloseste amerikanische Musiker - und es gibt eine Menge davon.

★

DUKE ELLINGTON UND SEIN ORCHESTER

A' Gatherin' in a clearing
Jumpin room Only

Hier haben wir einen Duke allererster Qualität; notwendig wären vier solche Scheiben monatlich. Über einem mittleren Tempo, das einen verfolgt, läßt Cat Anderson auf der ersten Seite seiner ganzen Wut in jenem Dschungelstil freien Lauf, den Ellington seit seinen Anfängen mit einer recht glücklichen Hand hervorkitzelt. Cats Effekte wechseln mit den Orchestereinsätzen ab, und das Ganze spinnt sich bis zum Schluß untadelig in einer Atmosphäre fort, die bisweilen an *Happy go lucky local* erinnert.

Zur Einstimmung eine hinreißende Einführung von Duke, dann setzt die Band ein, und auch hier ist man wieder gezwungen, die sensationelle Wiedergabe des Basses zu bewundern.

Duke spielt, zu unserer Freude, sehr ausgiebig; ja er spielt tatsächlich während der ganzen Seite und raubt der Legende, die besagen will, daß dieser Bursche kein Pianist sei, ein weiteres Bausteinchen. Leicht, schneidend, abwechslungsreich, das ist Duke, und ich liebe das.

★

DAVE BRUBECK-OKTETT

September in the rain
What is this thing called love

Recht artige Arrangements, die noch eine Meile gegen den Wind nach Gerry Mulligan riechen, jedoch mit jenem debussyhaften Schmachten gespielt sind, daß sie dem Jazz fast vollkommen fremd werden läßt. Mit Freude findet man die Freunde Dick Collins und Dave Kriedt, alte Bekannte aus Saint-Germain, doch die Frucht ihrer Anstrengungen übertrifft den entsetzlichen Alex Wilder höchstens aufgrund der Überlegenheit in den Arrangements. Ersetzen Sie die Mannschaft durch Bud Powell, Parker, Dizzy oder Miles und Max Roach, und es kämen vielleicht anständige Platten heraus. *What is this thing*, in der Art von *Night in Tunisia* gespielt, beginnt recht nett. Leider bleibt das Ganze süßliche, rhythmische Kammermusik, mit einem gräßlichen Klarinettisten, der zum Abschießen ist. Übrigens sind alle Klarinettisten zum Abschießen, das bringt dieses Gerät so mit sich. Verschonen würde man nur Omer Simeon und Barney Bigard. Fürs Museum.

★

Beiträge für „Jazz News“

DIE JAZZKRITIK

Da die Wege des Herrn, wie man so sagt, unergründlich sind, kennt man grundsätzlich die Gründe recht schlecht, die ein menschliches Wesen dazu bewegen können, sich Jazzkritiker zu betiteln. Aus diesem Grund werde ich es hier nicht unternehmen, sie zu ergründen; nach dieser Vorbemerkung werde ich versuchen, einen kurzen Überblick zu geben.

Man kann Jazzkritiker werden:

a) Durch Zufall;

b) Um Delaunay zu ärgern;

c) Um Panassié zu ärgern;

d) Um Geld zu verdienen (gilt nur für Amerika);

e) Weil man den Jazz nicht mag;

f) Weil Sie von Eddie Barclay um einen Artikel gebeten werden (den er selbstverständlich nicht bezahlt, doch bleibt Ihnen der Ruhm);

g) Weil man in einem Orchester spielt, von dem nie niemand spricht, und eben irgendjemand von ihm sprechen muß;

h) Um die Pressekarte zu bekommen und sich gratis Platten unter den Nagel zu reißen;

i) Weil Sie ein Freund bittet, seine Biographie zu verfassen und er sie nicht selber zu schreiben wagt (in diesem Fall diktiert er sie Ihnen);

j) Weil irgendein Verrückter auf die Idee kommt, eine neue Jazzzeitschrift auf den Markt zu werfen, und er Sie schlecht kennt;

k) Weil Ihnen Mezzrow über einen Haufen von Platten seine Meinung kundgetan hat, die Ihnen stichhaltig scheint;

l) Weil Sie gerade vom Konservatorium kommen (da besteht freilich kein Zusammenhang);

m) Weil sich alle Leute einen Dr... um den Jazz kümmern; also zieht das, was man über ihn schreibt, keine Folgen nach sich;

n) Weil man sich einbildet, man hätte das Zeug zu einem guten Jazzkritiker;

o) Weil man gratis zu den Jazzzeitschriften kommen will (was idiotisch ist, es genügt, sie abzustauben, wenn keiner hinsieht);

p) Weil man *alle* Platten von Charlie Kunz besitzt;

q) Weil man Franck Ténot oder Sylvaine Pécheral heißt;

r) Weil halt das Leben ist wie es ist ...

s) Weil man Englisch kann und sich sagt: Ich werde Ellington interviewen;

t) Weil Sie sich sagen, so werde ich Englisch lernen;

u) Aus Tradition, wie der Vater, so der Sohn;

v) Weil kein Grund dagegen spricht, daß irgendjemand Jazzkritiker wird.

Dies sind die Hauptgründe. Gelegentlich trifft man Leute der ernsten Art, die bekräftigen, aus Liebe zum Jazz Jazzkritiker geworden zu sein. Solche Leute sind leichtfertig: Kommt es doch selten genug vor, daß Ihnen der Jazz ihre hingebungsvolle Liebe erwidert, und man zudem, weil sie andauernd schwätzen, nie Platten hören kann. Sie werden mir sagen, daß das unwichtig ist, wenn es sich um Yvonne Blanc handelt, doch werde ich Ihnen erwidern, daß sich diese Leute eben gerade nicht darauf beschränken, von Yvonne Blanc zu sprechen; sie sprechen auch von Jazz ... Das ist das Drama.

In Wirklichkeit muß man sich, um Jazzkritiker zu werden (und ich denke hier vor allem an die Plattenkritik), auf seine Finger verlassen können. Man legt eine Platte auf den Grammo und man wartet. Wenn sich der Ton ändert, weiß man, daß (vermutlicherweise) der ausführende Künstler gewechselt hat; zum Beispiel hat eine Trompete ein Saxophon ersetzt. Man notiert bei welchem Takt und blättert in einer vergilbten „Jazzhot"-Plattenchronik ein paar klassifizierende Adjektive nach. Mit ein bißchen Übung schafft man es, das Altsax vom Tenorsax und die Klarinette von der Posaune zu unterscheiden (einfacher ist es mit der Trompete, üblicherweise macht sie mehr Lärm als der Rest). So teilt man die Platte in verschiedene Abschnitte und dann schreitet man zur Bewertung. Es gibt, beispielsweise, „ein schockartiges Einfallen der Blechbläser" (vermerken Sie, daß dies schon recht gewieft ist: Blechbläser, das sind die Trompeten und Posaunen, was man immerhin erst einmal wissen muß).

Die verschiedenen Kritikerschulen, die alle auf dem gleichen, eben dargelegten allgemeinen Prinzip beruhen, beginnen in dem Moment voneinander abzuweichen, wo Zweifel wach werden. In einem solchen Fall geschieht das Folgende:

1. Entweder schreibt man trotzdem. Dies soll die Methode von Ténot und, leicht vereinfacht, von Tricky Brown sein. Sie gelangt häufig zu ungemein interessanten Ergebnissen.

2. Man schreibt nach Amerika, um Informationen einzuholen. Dies ist die Methode Delaunay, etwas pennälerhaft, aber sicher.

3. Man übergeht es stillschweigend mit einer schleierhaften

Formulierung. In größter Unsicherheit wird diese Methode von allen angewandt.

4. Man versichert, die anderen seien im Unrecht. Diese Methode geht mit einer generell bemerkenswerten Technik zu Werk, die mir persönlich von meinem Lehrmeister Jean-Paul Sartre beigebracht wurde (der Zeitpunkt ist gekommen, die Beziehungen ins Spiel zu bringen): „Wenn man nichts mehr zu sagen weiß", lehrte er mich, „genügt es, steif und fest zu behaupten, daß Ihr Gesprächspartner (man kann immer einen erfinden) ein Trottel ist, denn es ist vollkommen unmöglich, das Gegenteil zu beweisen."

5. Man erfindet Geschichten von einer verminderten neunundsechzigsten Note mit schlingerndem Rückwärtsgang. Methode André Hodeir, gefährlich aber brillant.

6. Man spricht von etwas anderem. Das ist meine eigene Methode.

7. Man sagt all dies sei Sch... und daß es nur den Dixieland gäbe, Methode Ernest Bornemann - perfides Albion.

8. Man sagt, das sei eine Hinterfo... und es gäbe nur den Bebop. Methode, die (fälschlicherweise) dem Generalstab von der Revue „Ja-Zote" angekreidet wird.

Dann gibt es noch Varianten: *Das System Edgar Jackson*, das darin besteht, ausnahmslos das Gegenteil von dem zu schreiben, was alle anderen schreiben, aber dazu braucht es ein phänomenales Fingerspitzengefühl; *den Trick von Kaba*, das allgemeine Wohlwollen erregen, weil man angeblich australische Platten erhalte: doch ist dies erst einmal erwähnt, beachtet man nicht mehr, was er schwafelt. *Der Sternchen- oder Anmerkungsregen*, der mit dem Würfel bestimmt wird (die Revue „Down Beat", der bereits angeführte Edgar Jackson, usw.). Eine ausführliche Studie von alledem würde ins Bodenlose führen, und es lohnt sich nicht, das Köpfchen zu zerbrechen, um von Jazzkritik zu sprechen, wo es doch so etwas gar nicht gibt.

(März 1949)

★

MILES DAVIS

Bei Miles Davis sticht vorerst ins Auge, daß er ein sehr hübscher Junge ist; man beteuert mir, er sei etwas zu schlank, doch das sind unerhebliche Rabulistereien: ein Blick auf seine Photographien erlaubt den Schluß, daß bei dieser sehr ausgeglichenen Person die Vorstellungskraft etwas stärker ist als die Sensibilität, welche wiederum der Intelligenz mehr oder weniger die Waage hält; und ich weiß nicht, ob man allen glauben soll (den Fotos), aber auf dem einen hat er eindeutig die Ohren eines Fauns, was ein gutes Zeichen ist.

Wenn man eine Kritik verfaßt, kann man nicht umhin, von sich selber zu sprechen - eine glückliche Fügung, denn es hieße sich auf die Unfehlbarkeit zu berufen, behauptete man, „er ist dies, er ist das, und daran wird nicht mehr gerüttelt". Sich auf die Unfehlbarkeit zu berufen und zudem die Sünde des Eigendünkels zu begehen. Dies, um Ihnen nun zu sagen, daß eine der großen Momente des Bebop meiner Ansicht nach der Chorus von Miles Davis in *Now's the time* ist.

Einen ähnlichen Schock erlitt ich, als ich das Solo von Ben Webster in *Chlo-E* von Duke Ellington hörte, das war vor nun mehr sechs Jahren. Und schließlich fand *Chlo-E* den Weg in meine Kollektion. Ach Gott! *Now's the time* besitze ich noch nicht - nur eine Nachpressung -, aber ich trieb je einen Verbündeten in Neuseeland, Labrador und Amerika auf, und ich werde die Platte schlußendlich kriegen. Zur Zeit jedoch spiele ich sie nicht mehr ab, denn ich kenne den Chorus von Miles in- und auswendig.

Dieser Chorus vereint übrigens auf eine recht eigentümliche Weise all das, was wesentlich für Miles spricht („für ihn spricht" im qualitativen, nicht im juristischen Sinn).

a) In erster Linie: eine vollkommene Entspanntheit. Ich glaube, es ist unmöglich, entspannter als Miles zu spielen. Das Ganze wandelt gleichsam über einen blumengesäumten Weg im Mai (das ist recht wirkungsvoll gesagt, Sie können es mit Julie einmal so versuchen). Es ist von einer wahrhaft besänftigenden Gelöstheit und Hingabe.

b) In zweiter Linie: eine verblüffende Phrasierung. Eine gewundene Phrasierung, mit Ruhepunkten, die Sie nur verblüffen, um Sie einerseits stärker zu entspannen (körperlich) und andererseits zu erregen (geistig). Mit einer neuen und präzisen inneren Logik gleitet Miles von Ton zu Ton, und es gelingt ihm, Sie mit ziegelglatten, festgefügten Themen (auf der Drehscheibe produziert, versteht sich) in einen anderen Zustand zu versetzen.

c) In dritter Linie: eine wundersame Sonorität, recht nackt und kahl, fast ohne Vibrato, vollkommen ruhig und trotzdem so packend wie das Ungestüm eines Jonah Jones oder eines Eldrige. Der Wohlklang eines Dominikanerbruders: Ein Bursche, der mit beiden Beinen auf dem Boden der heutigen Zeit steht, doch alles um ihn mit Gelassenheit betrachtet.

d) Zuguterletzt: ein schon eher sensationell zu nennendes Gespür für rhythmische Strukturen bei einem nicht schlecht geregelten „Ablauf", vielen Dank. Denn um wie dieser Monsieur wieder auf den Beinen zu landen, nachdem man sich in solche Höhen verstiegen hat, dazu braucht's Balancegefühl in den Bogengängen, aber ja Madame.

Now's the time gibt noch keinen vollständigen Begriff von Miles' Möglichkeiten; Sie können sich ihn auch in einigen jener halsbrecherischen Stücke anhören, die er mit seinem kleinen Gefährten Charlie Parker darbietet; Sie werden nicht enttäuscht sein. Obenhin betrachtet sieht es nach nichts aus, er bewegt sich fast ausnahmslos in einem mittleren Register, doch wenn ihn die Lust packt, den Akrobaten zu spielen, das beherrscht er ebenfalls ... es ist viel einfacher, in der Zeitlupe zu analysieren. Übrigens (dies ist eine Klammer) ist es grundsätzlich besser, einen Solisten bei einem durchschnittlichen oder langsamen Tempo zu beurteilen, denn das ist schwieriger, als einfach nur Eindruck zu schinden, und noch viel schwieriger ist es, dabei fesselnd und fasziniert zu bleiben; wenn Sie einen Beweis verlangen, so hören Sie sich *On the sunny side* von Lester Young an, und Sie werden sehen, weshalb er ein großer, großer Herr ist.

Um wieder auf unseren Freund Miles zu sprechen zu kommen, was kann ich Ihnen noch von ihm sagen? Daß ich sehr glücklich bin, daß er am Festival in der „Pleyel" auftreten wird, und ich hoffe, daß man ihn, obschon er nicht mehr regelmäßig im Quintett von Parker sitzt, trotz allem mit Charlie zusammen hören wird ... Machen wir uns auf die Socken, im Verlauf dieser Woche werden einige kleine Jams stattfinden ...

(Mai 1949)

★

MONTAG DER NEUNTE

Objektive und ausführliche Beschreibung des Abendkonzertes beim Internationalen Jazzfestival im der „Pleyel", am Montag, den 9. Mai 1949 der christlichen und im Jahr 29 der Bisonischen Aera

Der Abend war hauptsächlich der sogenannten Bebop-Musik gewidmet, was meinem Herz einen Stich versetzte, das nicht mehr besonders widerstandsfähig ist, seit mich Françoise verführt hat, und auf das man mehr Rücksicht nehmen sollte. Da es ein ausschließlich dieser Kunstrichtung vorbehaltener Abend war, kamen nicht allzu viele vorgestrige Liebhaber von Militärmärschen, und diejenigen, die trotzdem dort waren, blieben höflich. Jedoch nicht höflich genug mit dem Musikomanenkommando von Vic Lewis, das das Feuer eröffnete, und nicht galant genug mit jener bezaubernden Saxotenorphonistin, großgewachsen, blond und wollüstig, die doch über ein technisch raffiniertes Zungenspiel und einen Stil verfügte, der, meiner Treu, von Lester Young inspiriert war, was kein übles Vorbild ist. Ich mochte diese Saxipornistin recht sehr, und mit ihr hätte ich recht gern Tenorsax gelernt, aber Vic Lewis sieht etwas ungemütlich aus. Danach kamen Miles Davis, Tadd Dameron, und Kenny Clarke mit James Moody und Berney Spieler, der ein bißchen aufgeregt war, obwohl er ein recht stämmiger Kerl ist. Nun möchte ich Ihnen sehr gern von Miles berichten und Ihnen sagen, daß er in dieser Woche von Tag zu Tag besser gespielt hat, und es war bereits an diesem Montag recht sensationell. Am Vorabend war man etwas überrascht, daß er nicht seinen üblichen, derart ruhigen Stil voll von Reprisen und willkürlichen Pausen bot; er gillespisierte etwas stärker als auf seinen Platten; aber am Montag, den 9. hat er *Embraceable You* absolut hingebungsvoll gespielt. Tadd Dameron hat einen Ausweg aus der vielbeschworenen Sackgasse des Bebop gefunden (die also keine ist). Tadd führt wieder fortgesetzte melodische Linien ein, die jedoch mit der Töpfersäge herrlich gestutzt wurden. Tadd besitzt einen überaus persönlichen Sinn für das Klavier; ich jedenfalls mag seine Art, die Akkorde auf neunundsechzig Weisen auf den Kopf zu stellen, sehr, und ich schätze mich recht glücklich, daß er in Paris bleibt. Nach Miles Davis kam Diéval mit Hulin, Hubert Fol, Soudieux und Ritchie Frost. Sie alle haben leidlich gespielt, Hubert Fol war toll in Form, oft macht es den Anschein, als leide er unter Vitaminmangel, aber seit er sich eine Tolle frisieren ließ, blüht er wieder richtig auf. Ritchie, an der Seite von Kenny, hat sich etwas zurückhaltend verhalten. Halt, da fällt mir ein, daß ich Kenny und Moodie vergessen habe, aber das war eine Finte: Moodie war noch nie dermaßen inspiriert, und Kenny, auf ihn werden wir gleich zurückkommen. Hulin macht offenbar Fortschritte; er verfügt über eine ansehnliche Technik, doch von Zeit zu Zeit bedauert man seinen Mangel an Kraft. Es ist eben wahr, daß es nur Dizzy und Fats Navarro gibt, um Stärke und Spitzentechnik zu vereinen.

Endlich trat der Bird auf, Charlie höchstpersönlich, in seiner Formation mit Al Haig am Klavier, einem hervorragenden Techniker, dem jedoch ein wenig der Punch fehlt - aber um fingerfertige Geschmeidigkeit mit dem Rest zu verbinden, braucht es schon einen Tatum. Tommy Potter, der freundlichste Bassist, den ich kenne, und er spielte, mein Gott ... man konnte zufrieden sein. Kenny Dorham hat gegenüber jenen Einspielungen, die man von ihm kennt, erhebliche Fortschritte gemacht, und Max Roach raubte noch denjenigen den Atem, denen dies am seltesten passiert (denjenigen, die einen gewaltigen, voll mit Lungen ausgestopften Brustkasten besitzen, of course). Max Roach wurde von den Jazzfans und den Musikern mit Ungeduld erwartet; sind es doch in Frankreich die Rhythmusgruppen, die am meisten sündigen, sei es bei den New-Orleanisten oder beim Bebop-Unkraut. Max ist ein Herr der Trommeln; er kann auf die verschiedenen Felle eine vollkommen übertriebene und entmutigende Vielzahl von Schlägen hämmern. Und mit welcher Kunst! Doch er ist eher ein Schlagzeuger in der Linie von Cozy Cole, den Drummer-Maschinen und Konsorten, als ein Neuerer wie Kenny Clarke. Hört man sie alle beide, so bemerkt man, daß beide von Technik nur so strotzen, und daß Max vielleicht etwas mehr Leichtigkeit und Geschmeidigkeit, Kenny dafür wahnwitzige Einfälle hineinlegt. Das sind wirklich zwei erschlagende Schlagzeuger. Schließlich erscheint Charlie der Bird auf der Bühne, mit einem druchscheinenden Blick wie von einem Zombie ..., und dann kommt die Sintflut. Man ist vollkommen paff, der Mund steht einem offen, der Speichel der Bewunderung sabbert heraus (Adel verpflichtet) ... Man zählt mit, verzählt sich dabei. Nur er nicht ...

(Juni 1949)

★

EDITORIAL

Es ist Herbst, Zeit der Nüsse. Dies ist der Grund, weshalb die Direktion von „Jazz News", stets opportunistisch, mich gebeten hat, inskünftig und bis zum Beweis des Gegenteils, die (Chef)redaktion dieser humoristischen Revue zu übernehmen, wobei es an der Zeit zu sein scheint, sie in ein Kampfblatt umzufunktionieren. Gewiß bin ich nicht gegen die Verteilung von Nüssen, solange nicht mein Kopf zuviel abbekommt, denn ich bin ein zaghafter Speichellecker, doch irgendjemand muß ja der Neger sein.

Glücklicherweise fehlt es nicht an Jazzzeitschriften und Leuten, die in ihnen schreiben, nicht zu vergessen all die nicht spezialisierten Zeitungen, die Bücher und die Rundfunksendungen, was uns Nüssen alle Hände voll zu tun geben wird. Und je dickschädliger die Mohrenköpfe, umso härter die Kopfnüsse, die man ihnen versetzt.

*Demzufolge habe ich Ihnen einige Veränderungen anzukündigen.** Zuallererst werden wir die Umtriebe auf ein Minimum beschränken, in dem wir die Hintergrundsartikel drosseln. Es gibt mehr als genug stinklangweilige Zeitschriften von dieser Art. Gleich darauf werden wir in die Kritik ein System von abreißbaren Zetteln mit technischen Angaben einführen, das es Ihnen gestatten wird, Ihre Platten in Windeseile zu katalogisieren und das den Kritiker dazu zwingt, *dem Analytiker zu weichen.* (Ich schwatze nicht übel, wenn ich will, nicht?). Gleich danach werden wir uns bemühen, einige Photographien hübscher Mädchen zu bekommen, zur Zerstreuung und um unserem Ruf als Erotomanen treu zu bleiben. Schließlich werden Sie sehen, daß Sie, nach alledem, wenn man Ihnen alles im voraus verrät, die nächsten Nummern nicht mehr kaufen werden, und Barclay wäre am Arsch.

Freilich empfängt der Chefredakteur die Leserinnen zu Rendezvous!

* Der Umbruch dieser Spalte wurde bei einem „Frau ärgere dich nicht" zwischen dem Direktor, dem Chef der Feuerwehr des Arrondissements und der neunten Hilfsuntersekretärin des Chefredakteurs ausgeknobelt, gemäß der Hackordnung.

(Nota: Gewonnen hat der Straßenfeger vom Dienst.)

(November 1949)

★

DER DUDUSSEL B'ANAL-SIEL VON DER JAZZKRITIK ZWEIFELT AM BEBOP ...

... und kommen Sie vor allem nicht mit dem Einwand, die wahren Väter seien Ansermet oder Goffin. Unbestritten datiert das Buch des letzteren aus dem Jahr 1931, und bereits von 1926 an haben die Herren Coeuroy und Schaeffner das Thema angeschnitten (der erstere der beiden hätte es dabei bewenden lassen sollen) - aber es ist B'anal-Siel, und er allein, der den Jazz entdeckt hat ... und nicht etwa Buddy Bolden, wie man zuweilen glaubt.

Ich werde es unterlassen, hier die mit Entdeckungen von Genies reich gepflasterte Karriere dieses wundertätigen Kritikers nachzuzeichnen, der das Nachplappern der Ansichten und Meinungen des Sankt Mezzerola (und etwelcher anderer Musiker) in den Rang einer Kunst erhoben hat, weil ihm kein besseres Spiel bekannt war. Ich werde Ihnen lediglich von den letzten wundersamen Ausgeburten der Einbildungskraft dieses Menschen berichten, diesem Großen unter den Größten der am wenigsten Großen, dessen jüngste Erfindung, wie man gestehen muß, an den lautersten Schmutz rührt, was gut ist.

Der letzte Fund von Dudussel B'anal-Siel? Ein weiteres Mal den Versuch zu wagen, die Schwarzen gegeneinander auszuspielen, aber unter welchem Vorwand? ... Sie haben es erraten ... dieser elende Bebop.

Oh, armer B'anal-Siel, das läßt einen nicht schlafen, dieser Bebop. Und so verscharrt er dich, massakriert dich, verunglimpft und beschimpft dich. Und unsere Hausmeute (von der wir hier eine Originalaufnahme abbilden) macht einen Chorus und folgt dem Siel auf dem Fuß. (Man wird von der Identität der Mitarbeiter dieser Zeitschrift nicht überrascht sein, auch nicht von ihrem recht kümmerlichen intellektuellen Niveau, dafür aber von ihrer Zahl, die man nicht so hoch einschätzte).

Wie schreitet der Prophet zu Werke?

Das ist sehr einfach.

Gemäß einem Verfahren, das mir schmeichelhafte Lobeshymnen wert war und das von mir 1912 in der „Revue de Presse" der „Ja-Zote" vervollkommnet wurde, veröffentlicht er sorgfältig *übersetzte* oder forgfältig verstümmelte Texte ... Sie verstehen wohl, daß man unter solchen Umständen den Leuten in den Mund legen kann, was man will ...

Das ist aber schelmisch, nicht wahr? So ein Schalk ...

Es muß gesagt werden, daß er kaum mit persönlichen Argumenten gegen den Bebop zu Felde zieht: Zuerst einmal müßte so etwas überhaupt existieren, dann müßte er wissen, was es damit auf sich hat ... Nun aber hat er nie welchen gehört. Das Ganze existiert, wohlgemerkt ... aber in seiner Vorstellungwelt.

Und um seine schreckliche Angst auszutreiben, verschanzt er sich hinter Namen wie Bechet, King Cole, Louis Armstrong. Dort fühlt er sich sicher und ist sich der Zustimmung derjenigen gewiß, die von Musik keinen blassen Schimmer haben.

Merken Sie sich bei dieser Gelegenheit, daß man Musiker dazu bringen kann, alles mögliche zu sagen. Es genügt zu wissen, wie man sie interviewen muß.

Kürzlich aber war B'anal-Siel sehr beunruhigt. So hat er denn einen Haufen Dublonen ausgegeben, um sich in den Vereinigten Staaten zu beruhigen.

„Vielleicht ... im Grunde genommen ...", dachte er. „Vielleicht ist ja schon ein Zipfelchen dran, an diesem teuflischen Bebop ... Wenn ich's mir recht überlege, nicht ... Lester Young, der vor nun mehr zehn Jahren ein schlechter Musiker war ... Nun, dieser kleine Lester ist jetzt ein großer Musiker ... Ich hab das selbst zweimal gesagt ... Also, der Bebop ... es wird mit ihm vielleicht die gleiche Entwicklung nehmen ... Was hältst du davon, Madeleine?

Madeleine kann nicht antworten, weil sie gerade einen Blues ins Javanische übersetzt, um es einem der nächsten Artikel von Dudussel gleichzutun.

„Verstehst du", erklärt sich Dudussel, „Mezzerola sagt, daß sei schlecht? Wem glauben? Denn hier in Frankreich sehen sie nicht mehr danach aus, Mezzerola besonders zu mögen! Ach, es war so bequem, mit Mezzerola ... Er diktierte, ich schrieb ... Doch er ist erledigt, Luter spielt besser als er ... Alles bröckelt auseinander ... ich brauche schlagende Argumente; Armstrong, halt! Armstrong ... Los, statten wir Armstrong einen Besuch ab ... Wer weiß ... wenn ich noch andere mit meiner wohlbekannten Heimtücke befrage ... Wir werden sie kriegen, vielleicht ..."

Schon stürzt sich Madeleine auf die Koffer, und sie nehmen das Flugzeug; und so wird man nun während eines Jahres schreiben können, daß die Bebop-Verfechter arme Typen sind.

Dieser Bebop, den es nicht gibt; Charlie Parker in eigener Person sagt dies, und, Teufel noch mal, der kennt sich doch immerhin aus ...

Doch mit B'anal-Siel ist es wie mit Don Quichotte. Er muß stets gegen Vianmühlen kämpfen.

Indessen, ich bemerke, daß ich mich etwas zu breit über Dudussel auslasse ... ich könnte zweifellos ernste Sachen sagen, wenn ich mich dazu zwänge ... doch fällt es einem schwer, ihn ernst zu nehmen. Noch eine Bemerkung. Jedesmal wenn ich über B'anal-Siel spreche, schimpft er mich einen Pornographen; das ist jedoch sein Verschulden ... Wenn ich von der heiligen Katharina sprechen würde, könnte er das bestimmt nicht behaupten. Und zudem beschuldigt er mich, die schwarze Rasse in den Schmutz zu ziehen. Was diesen Tiefschlag betrifft, ich konnte gar nicht anders, als sie ein wenig in den Schmutz zu ziehen, habe ich da doch nur mehr oder weniger seinen Artikel wiedergegeben.

P.S. Wirklich, er muß mich ständig anschnauzen ... aber was habe ich ihm schon getan, diesem Typen? ...

(November 1949)

★

DER JAZZ IST GEFÄHRLICH

Physiopathologie des Jazz
von Dr. Gédéon Molle
(früherer Insasse der psychiatrischen Klinik, Versicherungsarzt, Donnerstagsmaler, Militärorden)

Wie weit man auch in die Antike zurücksteigen mag, man kann Beispiele der *sklerotischen* und *nekrotisierenden* Wirkung des Jazz auf die lebende Zelle sowie die *Makromoleküle* des Cytoplasmas finden. Als unter der handfesten Wirkung der Trompeten Josuas die Mauern Jerichos fielen, hatte sich in der Tiefe des Gesteins der *Traumatismus* ausgebreitet: Man kann sich ausmalen, daß *a forteriori* in dem viel empfindlicheren *menschlichen Protoplasma* pathologische Störungen entstehen können, die mit denjenigen zu vergleichen sind, welche von den verderblichsten Leidenschaften wie etwa die Liebe zum Absinth oder die *Suche nach dem Absoluten* (Delirium Tremens, *allgemeine Paralyse*) hervorgerufen werden.

Die Arbeiten des Dr. René Theillier betreffs der von wiederholten Aggressionen *unspezifischer Herkunft* hervorgerufenen Schädigungen haben gleichfalls die Gefahr jedweder Musik mit gleichschlagendem Rhythmus an den Tag gebracht: Der Jazz ist dafür das schlagenste Beispiel, und aufgrund dieser Tatsache müßte sich die öffentliche Gewalt endlich dazu durchringen, das Skalpell in die Wunde zu stoßen und ein Gegenmittel für die anschwellenden *Psychopathien* finden, die sich unserer jugendlichen Zeitgenossen zu bemächtigen scheinen.

Und in der Tat, wenn man einen wenige Tage alten *Welpen* der regelmäßigen Anhörung einer Reihe solcher Buschmusikeinspielungen unterzieht, stellt man fest, wenn man ihn nach sechs Monaten der Wissenschaft aufopfert, daß gewichtige Schädigungen von *Nekrose* und fettige Degeneration in dem *histologischen Umfeld seiner Nebennierenrinde und seines Nebennierenmarkes* stattgefunden haben. Letztere, hyperplasiert, geben ihre physiologische Aktivität auf, die großo modo für das *Gleichgewicht* des Individuums verantwortlich sind, und man kennt die hormonale und *vagosympathische* Funktionsströrung, die dies zur Folge haben kann, denn die Natur hat weder den Jazz noch die synkopischen Rhythmen vorausgesehen. Es ist also eminent gefährlich, Ihre Kinder Radio hören zu lassen: Man weiß, wie sehr es uns mit den *entfesselten* Hirngespinsten eines Jacques Hélian oder eines Pierre Spiers überschwemmt. Deshalb sage ich: *Eltern, hütet Euch vor dem Jazz.* Denn über die oben angeführten Unannehmlichkeiten hinaus tut es Not, zu notieren, daß bei gewissen Personen derselbe Jazz eine heftige Genitalreaktion auslöst (*pubertas praecox*, Peyronnische Krankheit). Man soll nicht anderswo die Quelle aller Übel suchen, die das Rückenmark unserer heutigen Gesellschaft zersetzen: Das Sprießen von Klubs, der *städtische Totalisator*, die Schmetterlingsjagd, *die Briefe aus meiner Mühle*, der Tabakmißbrauch, *die ledigen Mütter*, die Schließung von Bordellen, *die Ouvertüre zu Wilhelm Tell*, Großpapas Bart, *die Apothe-*

kerrechnungen, die wuchernden Mastdarmentzündungen und Afterfisteln, *die spartanische Suppe*, die anschwellenden *sportlichen Großanlässe* und die gaullistisch-trotzkistische Reaktion.

Deshalb mahnen wir die Verwaltung: ACHTUNG! Es lauert Gefahr. *Unterdrückt den Jazz* und Ihr werdet alle Herde der sozialen Rebellion im Keime erstickt haben, die, über kurz oder lang, geradenwegs in den Atomkrieg münden werden.

(November 1949)

★

„JAZZ NEWS" BIETET IHNEN EIN UNBRAUCHBARES PROGRAMM

Im Wunsch, ihren geliebten Lesern den wiederholten Kauf der Nummern dieses Magazins zu ersparen, das gewöhnlicherweise als Programm getarnt wird und wie zufällig bei Gelegenheit jeden Jazzkonzertes aus der Druckerei kommt, einerseits -

In Erwägung, daß die besagten Programme unabhängig von dem vorgestellten Orchester einen identischen Inhalt haben, andererseits -

In Anbetracht der Tatsache, daß die fraglichen Konzerte eine verhängisvolle Besucheranzahl erreichen werden und Gefahr besteht, einen beträchtlichen Anteil des Jazzfan-Fußvolkes an den Bettelstab zu bringen -

Und mit dem Ziel, jegliche Absicht zur kommerziellen Erschliessung der Jazzkonzertgänger durch das Medium des Gedruckten im Keim zu ersticken -

Ohne aus den Augen zu verlieren, daß es gut ist, wenn der Hörer informiert wird, was er sich zum Anhören angeln kann, um so das Niveau seines Allgemeinwissens anzuheben und ihn nicht dazu zu zwingen, Englisch zu lernen, eine Sprache die viel weniger häufig gesprochen wird als Chinesisch, welche fünfhundert Millionen Menschen benutzen -

haben die ergebene Direktion, Redaktion und Personalabteilung von „Jazz News“ einen *Programmtyp* entwickelt, in dem alle gespielten Stücke vergangener oder künftiger Orchester vertreten sein werden.

1. Fall. - Vom internationalen Verband „Jazz-Parade“ organisierte Konzerte:

1. Bebop-Dur.
2. Bebop Blues
3. Boppen wir mit ... (Name des Bandleaders).
4. Ri-ti-pi-tadle-di-ouin.
5. Paris im Düsenbop.
6. Tuilerien-Bop.
7. Taxi-Bop.
8. Muskrat Bop.
9. High Society Bop.
10. Corned-Beef und Marmeladebop.
11. Blues in Bebop.
12. Ra-da-di-da-bi-bi-oublia-bi.
13. ...-Bebop (Name der Organisation).
14. ...-Bebop (hier der Name des Schlagzeugers).
15. St. Louis Bop.
16. Body and Soul.
17. Der Jazzkrieg.
18. Dixiebop (fehlgeschlagener Verkupplungsversuch).
19. Ablio-Ablio-ou-ou-pabi-paou.
20. Solo vom Dingsbums.
21. Pause.
22. Barcley Blues (Autorenrechte bei Barcley).
23. Cooler Blues.
24. Blues.
25. Bei Camarillo wird man nachlässig.
26. Auftritt der fünf versammelten Formationen, zu denen noch Luter und Braslavsky hinzukommen.

Ach, die gute, alte Zeit (Blues über *Bugle call rag*, dessen Mittelstück man durch fünf bepossenhafte Klavierakkorde ersetzt). Finale unter Applaus.

2. Fall. - Vom Verband „Parade à Jazz-Parade" organisierte Konzerte.

1. New-Orleans-Dur (fanfarenartig).
2. New-Orleans-Blues.
3. New-Orleans mit ... (Name des Bandleaders).
4. Im Schuhwichs-Blues-Stil.
5. Parixieland
6. Tuilerien-Blues.
7. Taxi-Blues.
8. Muskrat Ramble.
9. High Society.
10. Jam with Champagner-Blues.
11. Blues im New-Orleans-Stil.
12. Olala, mein altes Negerherz.
13. ...-Dixie (hier der Name des Veranstalters).
14. ...-Dixie (hier der Vorname der Frau des Veranstalters).
15. St. Louis Blues.
16. Body and Soul Stomp (Buhrufe).
17. Der Jazzkrieg.
18. Bopsieland (mißratener Unisonoversuch).
20. Wie kalt es im Meer doch ist, Blues.
21. Pause.
22. Barclay Blues (Autorenrechte bei Barclay).
23. Hot Blues.
24. Blues.
25. Bei Touro wird man nachlässig.
26. Finale: Man läßt den Vorhang fallen und der Dirigent erscheint nackt, sein Nachthemd unter dem Arm. Er wirft Kußhändchen, und jeder versteht, daß es ins Bett geht. Abgang unter Protest.

WISSEN SIE DASS ...

Das Haus „Olida" jegliche Verantwortung für den Gehalt der vorliegenden Nummer von sich weist.

Die alten Kriegsteilnehmer des 18. Arrondissements jegliche Verantwortung für den Gehalt der vorliegenden Nummer von sich weisen.

Der stellvertretende Bürgermeister von Savigny-sur-Orge jegliche Verantwortung für die vorliegende Nummer von sich weist.

Der Brücken- und Straßenbauinspektor André Ferréol de Lavinière sur Montbard, geborener Rostopchine, jegliche Verantwortung für die vorliegende Nummer von sich weist.

Monsieur François Mauriac, von der „Académie Française", jegliche Verantwortung für die vorliegende Nummer von sich weist.

Die „Joyeux Enfants du Nivernais", ein Künstler- und Choreographenverband, jegliche Verantwortung für die vorliegende Nummer von sich weisen.

Die „Zeitansage" jegliche Verantwortung für die vorliegende Nummer von sich weist.

Die Personen, deren Namen im Folgenden ausgelistet sind, bitten uns überdies um den Vermerk, daß sie in keinem Moment auch nur fragmentarisch, minimal oder virtuell an der Abfassung der Nummer 8 von „Jazz News" beteiligt waren:

Neveu (Amédée-Ariste), Leiter der Reinigungsarbeiten des östlichen Pissoirnetzes;

Dorigné (Michel), Direktor der „Gazette du Jazz" (ein ernstes Blatt);

XII (Pius), vereidigter Papst;

Thorez (Maurice), Ex-Mineur, nun Major: von Moll zu Dur;

Gaulle (Charles de), geschwätziger General;

Ahmed-Ben-Bougnouf, Erdnußhändler an der Ecke rue de l'Abbaye und rue Saint-Benoît.

Zur Beurkundung.

(November 1949)

★

Methoden von „Jazz News“:
Die Bebop-Methode

In einem Augenblick, wo *jedermann von ihm spricht*, haben wir es für gut befunden, unsere Leser über eine neue Kunstart auf dem Laufenden zu halten, *der in diesen Zeiten viel Böses nachgesagt wird*: Bebop. Nach der Durchsicht von Texten, wobei uns die einzig gültige Autorität in Jazzangelegenheiten, Monsieur Hugues Panassié, Richtschnur gewesen ist, kommen wir zu dem Schluß, daß der Bebop in hohem Maße die Kunst verminderter Quinten war. Unser Mitarbeiter Eddy Bernard, genannt Mistbart-Eddy, ist so nett gewesen, uns einige lose Notizen zu diesem Thema zu übermitteln, und wir beschränken uns hier darauf, sie in gutes Französisch zu übertragen, denn er gebraucht unsere Sprache mit einer wenig alltäglichen Wildheit.

1. Eine primitive Methode besteht darin, der Quinte ihr äußerstes Ende zu amputieren. Sie geht zurück auf Kaiser *Charles Quint* (Karl V.), in dem wir also einen Vorläufer des Bop begrüßen.

2. Eine viel kunstgerechtere Amputationsmethode ist *die kleine Quinquina*, die von den Stammlern aus dem Norden Frankreichs ausgeübt wird.

3. Die klassische Verminderte unserer Großmütter: alle zwei oder drei Reihen eine Masche fallen lassen. Das ist die „Strickweiber“-Methode.

4. Sie schnappen sich unter der Hand eine große Kiste voll Quinten, die sie auf einen Schlag auf dem Markt losschlagen. Die Quinte vermindert sich *automatisch* kraft des Spiels von Angebot und Nachfrage. *Die Makler-Quilmès-Methode.*

5. Die Verwendung einer Riesenwaschmaschine und einer gut dosierten Menge Kristallpulver erlaubt die Gewinnung erheblicher Mengen von verminderten Quinten. Die Hausfrauen-Methode, auch *Wäsche-Einlaufen* genannt.

6. Sie nehmen einen berühmten Berufsmusiker und engagieren ihn unter dem Vorwand einer Übung in französischer Aussprache, damit er folgenden Satz ganz hoch ausspricht: „Die Quinte ist ein Anti-Jazz-Intervall, das Buddy Bolden mißbilligte.“ Sie nehmen es mit Hilfe eines Tonbands auf und publizieren das Ganze in Ihrem offiziellen Blatt. Wird von den großen Musikern *„Prestigeminderungs“*-Methode genannt.

7. Spielen Sie Ihre Platten auf einem Grammophon mit Saphirnadel ab. Die schon verminderten Quinten lösen sich in ein völliges Nichts auf, und Dichte und Intensität des ganzen Rests wird hervorragend gemindert; der älteste Rag tönt wie *„perfektionsgeminderter“* Bop.

8. In allen Apotheken erhalten Sie Codein-Sirup.

EINIGE EMPFEHLUNGEN

9. Wir rufen denen ein „Achtung“ zu, die die Idee der Verwendung eines Dachsbeils haben, was in der Schreinerwerkstatt die Queraxt oder der Hobel ist, Instrumente, die Präzision und Fingerfertigkeit erfordern, was immer das Erbteil der großen Solisten bleiben wird. Große Bop-Solisten (deren Namen wir auf ihren eigenen Wunsch nicht nennen) haben uns ihre Abneigung gegen diejenigen wissen lassen, die, indem sie auf die flotte Art den Hobel gebrauchen, dem echten Jazz beträchtlich Schaden zufügen.

10. Vor allem verwechseln Sie nie die verminderte Quinte und die große Quarte, denn Madame Nadja Boulanger hat ein schwaches Herz.

11.-12. Ohne weitere Bedeutung ... Die Seite mußte gefüllt werden.

(März 1950)

1

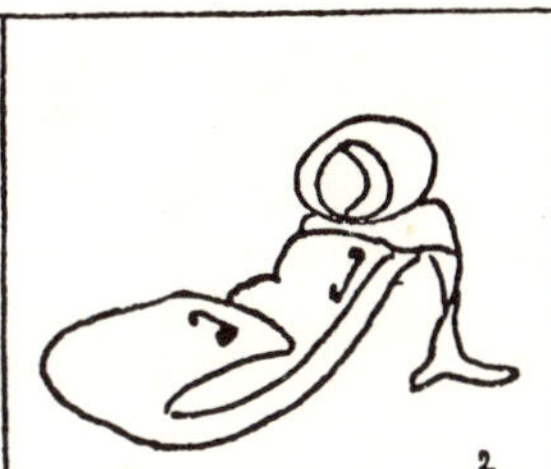
2

3

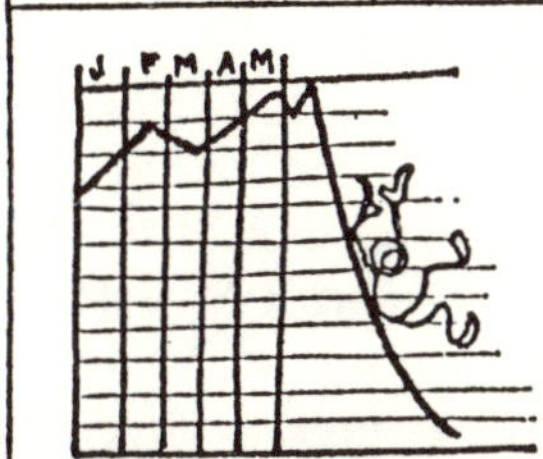

4

5

6

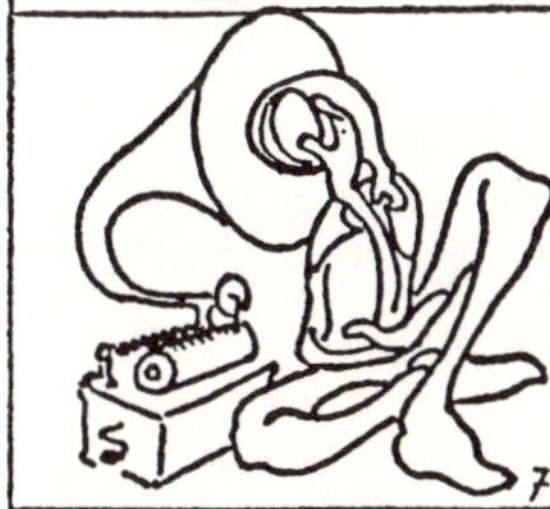
7

8

9

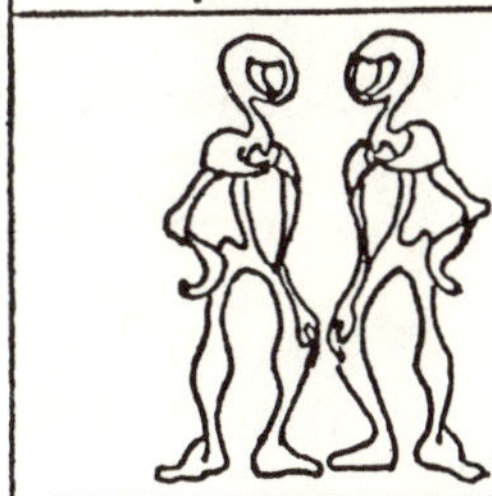
10

11

12

EINE UNABHÄNGIGE KRITIK?

EIN TRAUM IST'S ODER DOCH KEIN TRAUM

Selten wird einem Jazzmusiker der Vorwurf erspart, sich während seiner Säuglingsmonate dem Einfluß von Coelestin Blindekuh, in der Zeit seiner Pubertät „Rex" Doppelblech und später dann dem Einfluß des berühmten Jonathan Ferguson Brother unterworfen zu haben. Sehr selten und wieder sehr leicht zu verstehen: Man sollte sich, um frei von einem begnadeten Künstler zu sprechen, die Mühe machen, etwas anderes als nur eine vergleichende Studie von seinen Werken zu verfertigen, was viel mühseliger wäre. Man kann sich sogar fragen, ob man einen einzigen Musiker findet, dem man Originalität der Einfälle, des Klangs, der Phrasierung, der Einsätze, der Modulation, eben das gesamte unabdingbare Marschgepäck des idealen Musikers, zubilligen würde. Ich denke, man kann Johnny Hodges, Stuff Smith, Harry Carney, Art Tatum anführen ... Überdies bin ich sicher, daß diese Liste Gegenstand von Grundsatzdiskussionen wäre. Bei allen anderen beschränkt sich der kritische Jazzstandard darauf, das Aufblühen dessen zu bewundern, was Dingsbums zehn Jahre früher begonnen hat.

Unbestreitbar liegt darin eine Teilwahrheit- aber warum muß man sich damit aufhalten? Ich glaube fest, daß Duke Ellington, Hines und die anderen Chopin plagiiert haben, denn sie verwenden beinahe dieselben Noten auf ihrem Klavier.

Wenn indessen zwei Wissenschaftler, ohne voneinander zu wissen, in zwei verschiedenen Ländern zu beinahe der selben Zeit beinahe den gleichen Apparat erfinden (wie es im Fall des Phonographen, des Telefons, und so weiter geschah), wirft man ihnen dann vor, einander kopiert zu haben?

Man sagt: es lag in der Luft.

Wenn man genauer nachforscht, kann man immer in den Arbeiten eines Vorläufers die Saat der fraglichen Entdeckung finden. Und wurden nicht selbst die Wörter, derer man sich bedient, von anderen erfunden? In meinen Augen ist es viel verdienstlicher, etwas Neues aus einem vorhandenen üppigen Materialvorrat zu entdecken, denn dessen Organisation ist viel schwieriger und der Umgang damit weniger leicht. Es ist erheblich verdienstvoller, das klar zu formulieren und zu realisieren, was ein Vorläufer nur leicht und vielleicht nur unbeabsichtigt antippen konnte. Also doch ein Einfluß; aber ein Einfluß, der eben nur als Materialausgangspunkt für neue Forschungen wirksam ist, und daher beim Urteil, das man über einen Musiker fällen muß, nicht so sehr ins Gewicht fällt.

Man treibt den Mißbrauch mit dieser Unart des Beurteilens oder Klassifizierens soweit (was sehr bequem ist, man kann auch eine Menge von Artikeln mit folgenden Titeln verfassen: zwei große Schlagzeuger, drei große Trompeter, vier große Tenorsaxophonisten, und so weiter), daß man auch den Einfluß von Hawkins auf Lester Young anprangern und den ganzen Stil von Young durch den von Hawkins erklären müßte: in der Tat, hat Lester Young nicht versucht, sich *soweit als möglich* vom Stil von Hawkins *zu entfernen*? Dieser war nun die Basis einer von Lester Young praktizierten Arbeit der Umkehrung oder Umformung, von Lester Young, der, *wenn es Hawkins nicht gegeben hätte, vielleicht wie Hawkins gespielt hätte!*

Man sieht, wohin man da gelangen kann; doch man muß die Dinge auf die Spitze treiben, um die Dummheit eines Urteils anzuprangern (das sich übrigens gegen Sie selbst kehren kann in dem Augenblick, wo Sie am meisten von ihm erwarten).

Und diese wenigen Überlegungen führen uns ganz einfach zu unserer Schlußfolgerung: anstatt einen Musiker durch Vergleich mit einem anderen zu beschreiben, der dem Leser mehr oder weniger bekannt ist und für den er sich nicht immer interessiert, sollte man ihn objektiv beschreiben, als unabhängigen, als „absoluten" Wert, soweit das überhaupt möglich ist. Ihn in seiner Epoche einzuordnen, reicht weitgehend aus, um seine Herkunft zu schildern: versäumen wir nicht, auf den Einfluß King Olivers auf Louis hinzuweisen - aber das Spiel des letzteren beruht vielleicht ebensosehr auf seiner Vorliebe für rote Bohnen oder für die Musik von Guy Lombardo ... Und trotzdem ist das hier eine Abhandlung über die Einflüsse, die vorteilhaft das immerwährende Menü ändern könnten, das uns die Jazzkritiker vorsetzen.

(März 1950)

★

IN SACHEN ORCHESTER DUKE ELLINGTON

In der Fachpresse liest man regelmäßig definitive Behauptungen dieser Art: „Duke tendiert zur Gefälligkeit." - „Ellington ist nicht mehr das, was er einmal war." - „Einst hatte er große Solisten, heute niemand mehr." - Die schönste zweifellos stammt in ihrer Kürze von einem gewissen Fox, im „PL Yearbook of Jazz 1946": „Die Feststellung, daß Ellington in Amerika eine nationale Berühmtheit in dem Moment geworden ist, wo die Qualität seiner Kompositionen auf dem Tiefststand angelangt und in seinem auseinandergefallenen Orchester die wichtigsten Musiker durch Nullen ersetzt sind, hat sicher etwas Pikantes."

Ähnliche Verlautbarungen geben zu einem müden Lächeln Anlaß, sogar zu einem Mr. Fox lauthals unter die Nase geriebenen Ha! Ha! nach dem Genuß von Knoblauch, gewürzt mit Verachtung.

Es passiert ganz bestimmt zu häufig, daß man Ellington belanglose Titel aufnehmen läßt oder bei ihm Herren mit blökenden Stimmen sehr sentimentale Lieder singen.

Aber Gefühl ist ja nichts Schlechtes. Es beweist höchstens, daß Duke bei der Zusammenstellung seiner Programme weniger freie Hand hat als 1935.

Seit 1935 hat die Schallplattenindustrie um einiges an Bedeutung hinzugewonnen. Und als Folge davon hat jetzt der Kaufmännische Direktor viel mehr als früher Sitz und Stimme. Wenn man heute eine Zeitschrift mit einer Auflage von 24000 Exemplaren verkaufen will, muß man sie „France-Dimanche" nennen und sie mit Waschweibergeschichten spicken, denn in Frankreich gibt es mehr Waschweiber als Intellektuelle, und es ist eben nur gerecht, daß man für sie arbeitet: ebenso braucht man Perry Como und Al Hibbler in den Vereinigten Staaten, und man muß Erfolgsstücke spielen, deren Blödheit - das ist eine allgemein anerkannte Binsenweisheit, wie man ständig in „Down Beat" betont - nie trostloser und dürftiger gewesen ist.

Wenn übrigens die jüngsten Platten von Duke so schlecht sind ... möge man über sie diskutieren. Es ist Geschmackssache ...

Wir werden auch über sie nicht diskutieren, denn gerade auf diesem Gebiet, wie auch auf anderen, beruht alles auf willkürlichen Behauptungen.

Doch wenn man zufällig im Radio auf eine Archivaufnahme Duke's stößt, wo er zum Tanz aufspielt, oder an eine alte, unter solchen Bedingungen entstandene Plattenaufnahme gerät, ist man geblendet durch die offensichtliche Tatsache: nie hat Duke Ellington auf seinem Instrument besser gespielt.

Sein Instrument, das heißt sein Orchester. Man muß es wirklich feststellen: als er *Trumpet no end* herausbrachte, strafte Ellington all jene Lügen, die versichert hatten: „Ellington ist ohne seine Solisten ... aufgeschmissen."

Vier Trompeten, vier Solisten, von denen nicht einer in der Band von 1939-1940 spielte, von der es allgemein hieß: *„Das war der Gipfel.*" Und hier nun eine all den Aufnahmen von 1939-1940 ebenbürtige, wenn nicht überlegene Platte.

Kapiert man denn nicht, daß Ellington Solisten *hervorbringt*, wenn er welche benötigt? Wer hat denn Jimmy Blanton gemacht? ... Seine Mutter? ... Nein, Ellington.

Wer hat Barney Bigard gemacht?

Ellington.

Der Fall Barney Bigard erinnert mich übrigens an eine sehr merkwürdige Geschichte. Eine Kinogeschichte. Pudowkin, der große russische Filmregisseur, erzählt sie, ich gebe ihm das Wort:

„Kuleshow und ich machten einen interessanten Versuch. Wir nahmen, in irgendeinem Film, mehrere Großaufnahmen des bekannten Schauspielers Mosjukin. (Wir wählten statische und vollkommen ausdruckslose Großaufnahmen.) Wir fügten diese Fotos, die alle einander ähnlich waren, gemäß dreier verschiedener Kombinationen, mit anderen Filmstücken zusammen. In der ersten folgte der Großaufnahme von Mosjukin sofort das Bild eines Suppentellers auf einem Tisch. Es war offensichtlich und gewiß, daß der Schauspieler diese Suppe betrachtete. In der zweiten Kombination war das Gesicht von Mosjukin verbunden mit den Ansichten von einem Sarg, in dem der Leichnam einer Frau lag. In der dritten folgte der Großaufnahme das Bild eines kleinen Mädchens, das mit einem lustigen Plüschbär spielte. Als wir diese drei Kombinationen einem nicht eingeweihten Publikum vorführten, war das Ergebnis überraschend. Die Zuschauer waren vom Spiel des Künstlers entzückt. Sie betonten ihre von der vergessenen Suppe ausgelösten Gefühle schwerer Melancholie, sie waren berührt und bewegt vom tiefen Schmerz, mit dem er die Tote betrachtete, und sie bewunderten das leichte, glückliche Lächeln, mit dem er auf das spielende kleine Mädchen aufpaßte. *Doch wir wußten, daß in den drei Einstellungen das Gesicht haargenau dasselbe war.*

Indessen genügt die Kombination vershciedener Fragmente in der einen oder anderen Reihenfolge nicht. Es ist nötig, daß man die Länge dieser Fragmente kontrollieren und manipulieren kann, weil die Kombination von verschieden langen Stücken einen der Vereinigung von verschieden langen Tönen in der Musik vergleichbaren Effekt erzielt, was den Rhythmus des Films ergibt ..."

(Siehe „Magasin du Spectacle" vom 1. April 1946, erschienen im Verlag Robert Laffont.)

Man verzeihe mir dieses ausführliche Zitat (ich sage es, aber wenn man es nicht tut, wird es mich keine Tränen kosten), denn es beleuchtet den Fall Bigard auf eine überraschende Weise. Bigard hat seine Technik nicht verlernt. Er könnte spielen, wie er bei Duke spielte.

Bigard hat seinen Regisseur verloren.

Solange ein Chorus von Bigard von Duke geführt war, erfolgte die *Montage* mit soviel Geschicklichkeit, daß man sich versucht fühlte, das Verdienst daran Bigard zuzuschreiben.

Ebenso sagt man bei einem Film: „Dingsbums ist großartig in dem ... Er ist sauschlecht in dem und dem ..." Und man ist darüber erstaunt. Man denkt nicht, daß das Verdienst (in beiden Fällen) vor allem vom Regisseur herrührt, außer, selbstverständlich, wenn es sich um ganz große Darsteller handelt.

Der Fall Rex Stewart ist haargenau der gleiche. Ohne das, was man *die Ellington-Atmosphäre* nennt, stürzt Rex in die schrecklichste Vulgarität ab. Man wird einwenden, daß bestimmte Musiker, die Duke verlassen haben, all ihre Qualitäten bewahrt haben: Cootie Williams, Ben Webster zum Beispiel.

Das ist selbstverständlich. Aber ist es nicht auffallend, daß einer der besten Erfolge von Cootie ohne Duke *Fiesta in Blue* war (was er für „Columbia" aufnahm), mit einem hervorragenden Arrangement als Klanghintergrund, hervorragend „verschmolzen" von Benny Goodman und seinem Orchester, das vollständig hinter Cootie zurücktrat, indem es ihm nur einen gut abgesteckten Rahmen lieferte, in dessen Innerem der Klapphornpinsel des Künstlers das ganze Regenbogenspektrum seiner herrlichsten Farben entfaltete? (Hier wollte ich auf den Spuren der von Marguerite geschätzten Drehscheibe wandeln.)

Was Ben Webster anbelangt, hören Sie die Einspielungen, die er ohne Duke gemacht hat, und hören Sie seinen Chorus von *Chlo-E.* Sie werden den Unterschied bemerken. Die Chorusse selbst sind gleich gut, doch welchen Glanz erhalten Sie bei Duke! ...

Kehren wir aber zu den jüngsten Platten von Ellington zurück, bei denen es sich aus den schon angeführten Gründen häufig um Einspielungen von mehr oder weniger schlechten Modehits handelt.

Hier eine davon: *It's mad, mad, mad,* mit einer Vokaleinlage von Dolorès Parker, einer guten schwarzen Sängerin des weißen Stils.

Das Thema? ... Irgendeine Erfolgsmelodie, in klassischem Zuschnitt aufgebaut. Aber das Arrangement, die Ausarbeitung, die Präzision, die Genauigkeit (und, fügen wir zum Lob der „Columbia" hinzu, die Aufnahme) sind absolut makellos.

Greifen wir eine der jüngsten Ellington-Platten heraus: *Sultry Serenade,* auf der der gute Tyree Glenn spielt (Variation über ein Thema, das bei uns *Working Eyes* heißt); oder spielen Sie irgendeine von ihnen ab.

Es steht fest, Duke hat sich nicht immer die Mühe gemacht (was übrigens die betreffenden Themen nicht verdienten), derart bezaubernde Arrangements wie die von *Raincheck, Jack the Bear* oder *Giddybug Gallop* zu schreiben.

Aber, glauben Sie, wenn Sie sein Orchester, diese herrliche Maschine, hören, glauben Sie dann wirklich, daß er auch nur die geringste seiner Fähigkeiten eingebüßt hat?

Ganz im Gegenteil, Duke begibt sich jetzt auf das Gebiet des Swing, und die Perfektion seiner Ausführung überragt bei weitem das, was Lunceford gemacht hat.

Und Duke hat immer große Solisten. Heißen sie nun Baker, Nance oder Glenn anstelle von Williams oder Nanton!

Von keiner Bedeutung.

Von dem Moment an, wo sie bei Duke sind ... Früher oder später, eines Tages werden Sie eine kleine Archivaufnahme hören ... Sie werden sich fragen: wer ist das? Das kann doch gar niemand ...

Und es wird Duke sein.

Ein Herr, der Manns genug ist, um für zwanzig zu denken.

(März 1950)

★

DIE FRAUEN UND DER JAZZ

Sollten die Hörer der Aufnahmen von Savannah Churchill, die bei „Blue Star“ herausgekommen sind, einen Moment geglaubt haben, daß sie die Stimme eines Mannes hörten, wird sie hoffentlich die auf dem Umschlag abgebildete photographische Aufnahme eines Besseren belehren und ihnen die Freude am Leben zurückgeben. Savannah Churchill ist, um eine stehende Redensart zu gebrauchen, kein großer Stern am Schlagerhimmel, aber aus dem Bauch mußte ihr ja schließlich etwas kommen, weil sie ein Weile mit Benny Carter für verschiedene Einspielungen sang. Was biographische Einzelheiten anbelangt, könnten wir noch mehr erfinden, doch es fehlt an Platz dafür. Schade, vielleicht in der nächsten Nummer.

Sarah Vaughan ist eine junge Sängerin der modernen Schule, die im Schweiße ihres Angesichts und indem sie ihr Handwerk lernte Berühmtheit erlangte. Sie arbeitet in einem eher komplizierten Stil, das heißt, leicht verdreht, aber nicht verdrießlich. Sie ist eine Spezialistin für schwierige Intervalle und eine sehr beliebte Sängerin bei den Bopmusikern, diesen elenden Krüppeln, die ihre Zeit damit verbringen, auf einer Bühne zu heulen, weil sie mitten im Konzert kein Pipi machen wollen; und dennoch hatten auch Leute wie Earl Hines sie in ihrem Orchester ...

Dinah Washington hat eine etwas klapprige Stimme, aber das kann man auf dem Umschlagfoto nicht sehen, doch man kann sagen, was man will, der Qualität ihres Sex-Appeals schadet es kein bißchen. Gestehen Sie ruhig, daß Sie gerne zulangen würden, wenn diese Qualitäten echt wären. Dinah Washington hat einen Haufen ansehnlicher Platten gemacht; die Firma „Keynote“ besonders gab vier Titel heraus, bei denen man hauptsächlich die stützende Hand des Pianisten Milton Buckner heraushörte. Die Beine von Dinah Washington verdienen großes Interesse in dem Sinn, daß sie ihr erlauben, sich wie ein gewöhnlicher Mensch zu bewegen, eine äußerst kuriose Angelegenheit.

(März 1950)

★

DUKE ELLINGTON IN PARIS

Daß dieser unselige Chefredakteur mich noch, über sein Editorial hinaus, das der Liebe Gott frikassieren soll (ein Wunschtraum), um einen Artikel über Duke bittet, den ich die Ehre habe, seit zwei Jahren näher zu kennen, geschieht auf Grund der Zwangslage, in der er sich befindet, seinen treuen Lesern ein Originalbild vom Herrn der Herren zu liefern - ich meine M. Edward Kennedy Ellington, den Kaiser des Jazz aller Zeiten.

Und nach dieser wichtigen Vorrede fange ich an, meine fünf Sinne zusammenzunehmen, wie die Goddem sagen.

„In Fleisch und Blut" sah ich Ellington zum ersten Mal am 3. April 1939 im Palais Chaillot.

Ich besitze noch das Programm auf Kunstdruckpapier, das zehn Francs gekostet hatte.

Ich erinnere mich an die außerordentlichsten Momente: es waren *Rockin' in Rhythm* und *Dinah's in a jam.*

Ach, Kinder, wie schlug da mein Herz. Das riß einen tatsächlich vom Stuhl. Und ich saß ganz hinten ... (ich war ganz weg, so weg, daß ich am 4. nochmals hingehen mußte).

Es war die Zeit von Rex, von Bigard, von Tricky Sam.

Unersetzbar, glauben Sie? Tricky vielleicht ... und warum sie übrigens ersetzen?

Duke ersetzt niemanden ... er setzt mit anderen fort. Weil *er* sein Orchester ist. Aber kommen wir wieder zur Sache.

Ich sah Ellington zum zweiten Mal „in Fleisch und Blut" am Montag, den 19. Juli 1948 um 17.30 Uhr, als er aus dem Zug stieg.

Haufenweise war man zu seinem Empfang gekommen, und Bolling spielte einige seiner Repertoirestücke, mit Duke am Schlagzeug.

Ich erinnere mich (vielmehr, habe es notiert) an die Äußerung eines Mannes in blauem Dreß beim Aussteigen von Duke:

„Wer ist das?" fragte man.

„Das ist sicher ein Boxer", antwortete der Mann, in dessen Verstand ein Musiker eine derartige Kräfteausstrahlung nicht rechtfertigen konnte.

Am 21. rief bei „Carrère" eine Dame:

„Oh, Duke Ellington? Ich hoffe, man wird ihn etwas singen lassen! ...

Duke sprach sehr gut Französisch. Er trank Champagner und sagte:

„Wunderbar."

Er fügte hinzu:

„Noch einen."

Und abschließend:

„Die Rechnung."

Als Carrère, wenn ich mich recht erinnere, sehr freundlich die Rechnung auf seine Kappe nahm, hatte Duke gerade auf Bitten einer anderen Dame mit charmanter Freundlichkeit eingewilligt, ein oder zwei Titel zu spielen.

Nachdem ich am 28. April vergeblich versucht hatte, Duke zu treffen, der aus Brüssel am Tag vor seiner Abreise zurückkam, legte ich mich zuguterletzt entmutigt eine halbe Stunde nach Mitternacht zu Bett.

O Wunder! Drei Uhr morgens traf Duke, dank der vereinten Bemühungen von Vera Norman und Berdin bei uns ein, um Frites und ein Beefsteak zu essen, eins seiner Leibgerichte. (Es war übrigens mißraten, aber man war zu ergriffen ...)

Er verbrachte die Nacht bei uns, um in Gesellschaft von einigen Freunden Platten zu hören, und am folgenden Morgen gegen 7 Uhr brachten wir ihn, frisch wie eine Rose, ins „Claridge". Er fuhr um 9.00 Uhr ab.

Und wenn Sie es genau wissen wollen ... nun gut, er hat bei mir eine blaue Krawatte mit weißen Punkten vergessen, die ich wie eine kostbare Reliquie zärtlich hüte.

Nicht daß ich fanatisch wäre, aber Duke ist immerhin nicht irgendwer.

Und diesmal kommt Duke wieder wie 1939 mit seinem Orchester. Er landet am 4 . April auf der Île de France, gibt zwei Konzerte in Le Havre, am Morgen danach verschwindet er dann aufs Land, um so um den 12. herum in Paris aufzutauchen. Die einzigen nennenswerten Abtrünnigen unter den erwarteten Musikern sind Tyree Glenn und Ben Webster, aber die gesamte alte Garde (Sonny Greer, Harry Carney, Johnny Hodges, Lawrence Brown) und neue, schon bewährte Kräfte (Ray Nance, Harold Baker) werden kommen. Duke wird mehrere Male in Paris spielen. Unser vorbehaltloser Dank gilt Monsieur Jules Borkon, dem Organisator dieser sensationellen Tournee, die alle Jazzamateure von Herzen unterstützen werden ... damit sie im nächsten Jahr wiederholt wird.

(April 1950)

★

DER RASSISMUS IST NICHT TOT

Weiße gegen Schwarze

I.

Es wird immer offenkundiger (vor allem in England und in Australien und gegenwärtig in Amerika), daß verschiedene Kritiker (und nicht die unbekanntesten) einen Angriff großen Stils gegen die schwarze Musik eröffnet haben.

Das Phänomen an sich ist nicht neu. Seit 1920 haben die Weißen versucht, die allgemeine Beliebtheit des Jazz zu ihren Gunsten auszuschlachten und, wenigstens in den Vereinigten Staaten, von einer starken Rassendiskriminierung zu profitieren, die ihnen in starkem Maße die Arbeit erleichtert hat. Es sei nur an Paul Whiteman erinnert, der zu einer Zeit, als es einen Fletcher Henderson oder Red Nichols gab, der berühmteste Jazzmusiker war und mehr Wachsscheiben aufnahm als drei King Olivers zusammen, ferner an Jimmy Dorsey (der sich jetzt wieder ins Spiel bringt) und all die Casa Loma, Goldkette und Goodman Bands, die zu ihrer Zeit viel mehr als die Schwarzen gelobt wurden, wie heute eben Stan Kenton mehr Beifall als Gillespie erhält (der sein wunderbares Orchester, um mitzuhalten, in einer totale Lärmmaschine verwandeln mußte). Das überrascht also nicht; außerdem ist es ja nicht selbstverständlich, daß der beim breiten Publikum Bekannteste auch der Beste ist, das gilt für den Jazz genauso wie für die Literatur oder den Film, und auf zehn Fernandellerien kommt eben nur ein *Der Teufel im Leib*. Und das wäre gar nicht der Rede wert, wenn das Verhältnis so bleiben würde; aber die Verhältnisse rasen nun ein bißchen schnell davon, und man muß zu fürchten anfangen, daß sie außer Kontrolle geraten.

Man kann drei Verhaltensweisen konstatieren: die *freimütige* Haltung (Roger Bell in Nr. 8, Dezember 1949, von „Australien Jazz Quarterly"); die *scheinheilige* Haltung (Leonard Feather in dem kürzlich erschienenen Artikel *Crow Jim*) sowie eine Haltung, die keine ist, die *beobachtende* (in gewisser Weise zynische, siehe die letzten Hefte von „Down Beat").

II.

Die freimütige Haltung läßt Sie zunächst in die Luft gehen; sie ist in Wirklichkeit die ungefährlichste, weil sie im allgemeinen mit einem so beschränkten Sektierertum oder Lokalpatriotismus daherkommt, deren Vertreter sich, sobald sie etwas sagen, selbst entlarven. Diese Haltung veranlaßte Roger Bell, die folgenden so verblüffenden (schon in der letzten „Revue de Presse" von „Jazz-Hot" zitierten) Sätze zu schreiben:

„Es ist vollkommen offensichtlich, daß der amerikanische Neger gegenwärtig den Jazz aufgegeben hat. Die einzigen Farbigen, die zur Zeit eine annehmbare Musik spielen, spielen sie, wie sie sie all die Jahre lang spielten und sie sind zweifellos nicht bereit, etwas Neues, was immer es auch sei, in dieser Sprache zu kreieren. Sie haben ihre beste Zeit gehabt; und die jungen farbigen Musiker haben sich wie ein Mann dem Swing und dem Bebop zugewandt. Die Zukunft des Jazz, wenn er denn eine hat, liegt in Händen der jungen Weißen, und das nun schon seit ungefähr sechs Jahren."

Beachten Sie gut, daß Roger Bell, wenn er der „Swing" und der „Bebop" sagt, alle Jazzmusik so nennt, die von dem, was der Jazz bis 1935 etwa gewesen ist, abweicht. Für bestimmte Kritiker hört der Jazz 1945 auf; und es ist schon ziemlich lächerlich, den Rang von Leuten wie Parker oder Gillespie, Miles Davis oder Thelonius Monk, Ernie Royal oder Max Roach zu leugnen; doch Bell geht noch viel weiter, und es liegt nahe anzunehmen, da er ja nun einmal den Begriff „Swing" in dem Sinn zu gebrauchen scheint, wie ihn die Amerikaner verwenden, daß er zugleich Duke Ellington, Count Basie, Lionel Hampton, und so weiter verdammt ...

Es handelt sich also um eine Bekräftigung, die auf einer so engen Definition des Wortes „Jazz" beruht, daß sie unstatthaft ist; das heißt, wenn der Jazz tatsächlich das gewesen ist, was Bell denkt, hätte er ganz und gar recht zu behaupten, daß die jungen Schwarzen keinen mehr machen: bestimmt denkt keiner von ihnen mehr daran, und das ist auch gut so, wie Ward Punkett oder Papa Mutt Carey zu spielen. Ich bin weit davon entfernt zu behaupten, daß Ward oder Papa schlechte Musiker waren: in den Zusammenhang ihrer Zeit gestellt, steht ihnen ihr gültiger Platz zu; genauso hat in der Malerei, um ein anderes Beispiel anzuführen, ein Vermeer keinen anderen künstlerischen Wert als den, daß er echt und aus der Zeit ist, und die perfekt imitierten Fälschungen, die kürzlich ein sehr talentierter holländischer Künstler herstellte, würden all ihren Sinn verlieren (auch wenn sie weiterhin angenehm zu betrachten wären), weil sie durch Imitation und ohne historisch gültige Notwendigkeit geschaffen wurden, weil sie es versäumen, sich im rechten Augenblick in einen Entwicklungsrahmen einzufügen.

Nach genauerer Darlegung dieser Dinge wiederhole ich nun, daß Ansichten wie die von Roger Bell viel weniger gefährlich sind, als man meinen könnte, und das hauptsächlich wegen der großen Naivität, auf der sie beruhen; einer Naivität, von der derselbe Artikel Roger Bells uns ein noch schlagenderes Beispiel auf der Seite liefert, die der vorausgeht, der wir das bereits angeführte Zitat entnommen haben.

Ich sehe mich dieses Mal wiederum gezwungen, *eine längere Passage daraus zu übersetzen*; denn genauso wie ich einerseits nicht möchte, daß man die Zitate für gefälscht hält, ist es andererseits leicht, eine Aussage so hinzubiegen, wie es einem gutdünkt.

„Der Jazz, da bin ich sicher, wird sich sehr bald weiterentwickeln und bald auch neues Leben und eine neue Form wiederfinden, die sich an das Klima in Australien, England und Frankreich und an das sovieler anderer (von seinem Geburtsland Amerika verschiedene) Länder anpassen werden.

Einer seiner größten Feinde ist vielleicht die kürzlich erfolgte Rückkehr zum New-Orleans-Stil gewesen, die - im Verhältnis zur Anzahl der erneut aufgelegten Platten und zur Anzahl und zum Charakter der über diesen Gegenstand geschriebenen Bücher und Artikel - auf die jungen weißen Musiker eine beträchtliche, hemmende Wirkung ausgeübt hat. Eine große Zahl von ihnen sind entsetzt über die Vorstellung, etwas zu spielen, was Gefahr läuft, nicht wie von Ladnier oder vom frühen Armstrong zu klingen. Sie sind vollgepumpt mit Morton, mit Hot Five und Hot Seven, mit den Orys, Bunks und Bessies, und die Kritiker haben ihnen oft gesagt, das sei die einzig mögliche Art, sodaß sie allzu eingeschüchtert worden sind, um etwas anderes als eine wie auch immer geartete jämmerliche Nachbildung zu versuchen. Das Werk so verschiedenartiger weißer Riesen wie Sharkey Bonano, Bix, Teschemacher und Hackett, eine Musik, die viel leichter assimilierbar ist, weil sie rassisch viel natürlicher ist, hören sie entweder selten oder nie. Man hat sie als eine leicht kommerzielle Kopie bezeichnet - was für ein schlechter Scherz! - und Ihr sollt wie die New-Orleans-Vertreter spielen, andernfalls seid Ihr auf dem Holzweg.

Ich werde nie diese Soirée in England bei einem international angesehenen Jazzkritiker vergessen. Graeme Bell, am Piano, spielte Blues und probierte hier und da gegenläufige Akkorde und ungewohnte melodische Figuren aus. Der Kritiker verharrte einen Moment lang in traurigem Schweigen und sagte dann: 'Warum spielen Sie keinen echten Blues, Graeme?' Graeme verzog die Miene und sagte: 'Ich verstehe, was Sie wollen' und begann, einige dieser alten, von Motten längst zerfressenen Bluesphrasen, wie man sie auf allen Schwarzer-Blues-Platten hören kann, voll in die Tasten zu hauen. Der Kritiker war wie verwandelt. Er lächelte von Kopf bis Fuß und begann zu kreischen: 'Das ist's, Alter! Das ist wahrer Jazz.' Alles, was recht ist, aber das ist doch lachhaft.

Etwas Derartiges hört nie auf, mich zu verblüffen und feststellen zu lassen, daß ein so lächerlich enges und starres Urteil aus dem Jazz, einer allem Reaktionären so widerstrebenden Musik, entstehen konnte und das sich, mit Anhängern noch nicht zufrieden, auf eine derart schändliche Weise in der ganzen Jazzwelt verbreitet hat."

Doch, all das hat Roger Bell geschrieben, und man muß annehmen, daß sich die Verbreitung dieses engen und starren Urteils in der Jazzwelt in der Tat sehr verfänglich eingenistet hat, zumal Sie, Roger, ein bißchen weiter oben auch sagten, was ich am Anfang zitiert habe.

Drei Dinge kommen darin zum Ausdruck:

I. *Eine Bekundung von Rassismus* (erster Absatz und die Tirade über die weißen Riesen).

2. *Eine betörende Naivität*: der Gedanke, daß Graeme Bell irgendetwas hätte erfinden können, was nicht schon von den von Roger Bell angeschwärzten schwarzen Musikern, die keinen Jazz mehr machen können, erfunden worden ist.

Selbstverständlich gibt es auch in der klassischen Musik noch viel zu komponieren, wenn man Mozart, Beethoven, Haydn, Bach und ein Dutzend weiterer derartiger Schlachtschiffe unter den Tisch fallen läßt.

3. *Ein totales Unbewußtsein*: die Spreu und der Weizen vom letzten Absatz.

Zusammenfassend: Roger behauptet, daß allein die Weißen fähig sind, den Jazz zu erneuern, indem er dem Jazz eine Definition verleiht, die Dreiviertel ausläßt. Das ist gleichermaßen freimütig und dumm. Genauso vorgestrig ist es, wenn die Australier es zu ihrer Gewohnheit gemacht haben, ihre Einheimischen auszurotten und die Engländer ihnen dabei fröhlich auf dem Fuße folgen.

Wenden wir uns nun der zweiten, gefährlicheren Haltung zu.

III.

Die heuchlerische Haltung. Doppelt heuchlerisch: durch ihre textliche Form und Qualität dessen, der sie einnimmt. Dies tut kein geringerer als Leonard Feather, ein in die Staaten emigrierter Engländer. Ich habe gegen Feather keine Einwände, wie sie Panassié (oft grundlos) haben kann. Er übt seinen Kritikerberuf aus, er ist ein mittelmäßiger Pianist, und es ist ihm gelungen, einige sehr gute Formationen zu bilden und einige annehmbare Stücke zu komponieren (*Scram*). Hinters Licht führt er dann, wenn er einen Artikel schreibt, in dem *Crow Jim* - im Titel ist *Crow Jim* dem *Jim Crow* gegenübergestellt - die Haltung sei, die angeblich in Europa herrsche.

Gehen wir ins Detail.

Man weiß, daß mit dem Ausdruck „Jim Crow" die Gesamtheit der Vorurteile und Schikanen bezeichnet werden, deren Opfer die Schwarzen in den Vereinigten Staaten sind. Nach Leonard Feather aber herrscht in Europa ein umgekehrter Geisteszustand, und die armen weißen Musiker sind das Opfer eines „Crow Jim", der verhindert, daß sie gebührend geschätzt werden.

Gewisse französische weiße Berufsmusiker behaupten zuweilen dasselbe. Maurice Moufflard protestierte eines Tages in Gegenwart von Vian und Diéval gegen Gillespie, wobei er versicherte, er, Moufflard, spiele besser als Dizzy, der kein richtiges Konservatorium besucht hätte. Häufig hört man andere sagen: „Ach, um Erfolg zu haben, genügt es, eine schwarze Fresse zu haben." Es ist erstaunlich, daß es *immer* die unbedeutendsten Jazzmusiker sind, die solchen Protest im Munde führen.

Der Artikel von Feather ist in einem zuckersüßen Ton verfaßt; er ist dumm und ekelhaft. Er ist keine komplette Analyse wert, weil er von Grund auf dumm ist. Ich möchte nur zum Beweis diese Punkte erwähnen: das Pfeifkonzert, daß Kenny Hagood oder selbst dem armen Kay Davis dargebracht wurde, als sie nicht genug jazzige Titel sangen, und dagegen der Applaus, der der schwedischen Band auf dem letzten Festival gespendet wurde - oder auch der, den Claude Luter erhielt - dumm jedenfalls, ganz bestimmt. Ekelhaft obendrein: weil er von einem Engländer kommt, der als Engländer in Amerika dagegen protestiert, daß die Schwarzen in Europa zu gut empfangen werden; in Europa mag er dagegen protestieren; in Amerika kann man es tun, sobald es keine Rassenvorurteile mehr gibt ... aber leider Gottes ist man davon noch weit entfernt, erinnern Sie sich nur an die Sache mit dem Haus von King Cole, und so weiter. Bis dahin sollen die Vido Musso Ventura und die anderen Candoli sich gedulden, ehe sie ihr Genie anerkannt sehen ... und sich beim Warten bemühen, wie Lester oder Miles zu spielen. Das wird ihnen immer von Nutzen sein.

IV.

Die „objektive" oder zynische Haltung. Das ist die Haltung, die alle Leute bekunden, wenn sie den ganzen Tag lang Artikel gebären, um die Zunahme der Neupressungen von Dixieland-Schellackplatten zu konstatieren, die von all den von Los Angeles verdorbenen Orchestern oder anderen eingespielt wurden: Pete Daily, Firehouse Five, Turk Murphy, Bob Scobey, Lu Watters, und so weiter. Diese Bewegungen sind in Europa zu entschuldigen, aber nicht im Land des Jazz. Es feststellen, es sagen, hieße, es bestätigen, man muß wenigstens protestieren; und hier treffe ich mich mit Roger Bell: wenn man den weißen Dixieland liebt, hat es bereits Bix gegeben, die Bob Cats und einige andere. Leider spielen alle, die jetzt so spielen, nur noch für Dollars - es gibt keinen Schimmer von Enthuasiasmus mehr; es sind falsche Vermeers ...

Einige Feststellungen. Wo liegt die Gefahr bei alldem? Die Gefahr besteht darin, daß jedesmal, wenn eine Firma eine alte Schote aufnimmt, sie es umso weniger für die jungen Musiker * (die echten - die jungen *Schwarzen*) tut, und in diesem Punkt sind sich alle Kritiker, selbst die parteiischsten, einig: wenn Panassié es liebt, sie als „modern" zu bezeichnen, Delaunay sie „Boppers" tituliert, ist es jedermann egal, doch ein Wardell Gray, in seinen Anfängen ein Nachahmer von Lester, kann dem Jazz mehr Bedeutung verleihen als ein verknöcherter und unaufrichtiger Jimmy Dorsey - wie eben auch ein Louis Armstrong, der in seinen Anfängen King Oliver imitierte, persönlich, nachdem er sicherer geworden war, das Hauptkapitel der Jazzgeschichte kreieren konnte. Ich meine nicht, daß Wardell Gray ebensoviel wie Louis einbrachte - der das tun wird, wird Dave Smith oder Joe Dupont heißen, einerlei wer: es ist in jedem Fall sicherer, auf einen Vertreter dieser schwarzen Rasse, die den Jazz geschaffen hat, zu setzen und die, nach dem Niedergang der gelben und der weißen, die einzige Rasse auf der Welt ist, die der künstlerischen Welt noch neue, frische, ungegängelte und schließlich revolutionäre Kraft einblasen kann, wie der Jazz in seinen Anfängen eine war und in den Händen der Schwarzen noch immer ist; dieser Schwarzen, die aus dem Jazz eine einzigartige Sache gemacht haben und wieder machen werden ... vorausgesetzt, daß die Feathers ihnen keinen Dolch in den Rücken stoßen.

(Juni 1950)

* Gegenwärtig finden, laut Meldungen, die wir aus New York erhielten, Leute wie Miles Davis, Kenny Dorham, usw. nur schwer Arbeit. Und die Jimmy Dorseys, Red Nichols und andere Typen, die ebensogut Polkas spielen würden, wenn man sie bezahlte, machen Platten am laufenden Band. Warum nicht feststellen, daß diese organisierte Neuauflage des Dixieland (die außerdem von einer sich ausbreitenden, ziemlich erstickenden Unkultur zeugt, wenn man bedenkt, daß sich all das nach dem Maßstab Amerikas richtet) ein neuer *Diebstahl* ist an dem, was den Schwarzen gehört sowie ein Versuch (bewußt oder nicht), etwas abzuwürgen. Es ist genug über das schreckliche Los von Bix geschrieben worden, der, um zu leben, *gezwungen* (sic) war, bei Whiteman zu spielen, so daß nicht unerwähnt bleiben darf, um wieviel verzweifelter noch das Los jener Schwarzen ist, die (wie George Lewis oder Bechet, über deren alten Stil man zu spotten pflegt), um zu leben, gezwungen sein werden, als Hafenarbeiter zu arbeiten, Schuhwichse oder Ventilatoren zu verkaufen, anstatt zu spielen - denn sie schließen im allgemeinen keine Kompromisse mit dem Gegner.